ネット警《けい》備《び》隊《たい》 ねっぱとくん

はこうして生まれた！

子どもたちのスマホ、ネットに係わる暗い問題が家庭、学校、社会で日常的な話題となる時代です。

誰もが困った問題だと顔をしかめますが･･･じゃあ、どうしましょう？使用を禁止することで、根本的な解決になるでしょうか。子どもたちを含め多くの人たちが、これまでにそうした暗い問題解決を話題にしたり、共に考えたり、学んだりする機会がなかったのではないでしょうか？

あまり堅くなく肩肘張らずに読め、気軽に親子が、先生と子どもたちが、大人同士が、いつでも、どんな形でも、ちょくちょく話題にできるような資料があるといいという思いから生まれたのが、マンガ形式をとった情報モラル教育啓発資料「ネット警備隊ねっぱとくん」です。

ネットパトロールというものがあります。インターネット上に投稿された内容を法的、人権的等の視点から警告を与えたり、削除したりするための監視システムです。その仕事をしているという設定で描かれたマンガが「ねっぱとくん」です。

彼と５人のネット警備隊員スマッホ(スマホの妖精)の活躍を通して、正しく使っていこうという啓発を行っています。

さらに「今日はこれくらいにしよう」とスマホの使い方をコントロールできるような心、正しく使うための技術や負の側面も理解するなどの術（すべ）も身に付くようにやさしく、楽しく学べるように設定されています。

ネット警《けい》備《び》隊《たい》
ねっぱとくん

100万人プロジェクト

ねっぱとくん学習者100万人いたら変わるはず。
子どもも大人もスマートな日本人になるはず。

こんな困った現状があるよね

- 子どもや大人のスマホをはじめとしたネット関係の問題の増加、顕在化
- 実はスマホやネットの使い方等は誰もきちんと学んだことがない・・・
- 文科省をはじめ、様々な教材や資料が昨今作成、配布されているが、使うとなると難しく、肩肘張ってしまいがち

なんのために

子どもたちをはじめ笑顔で、爽やかにＩＣＴを駆使できるスマートな日本人になるための一翼をめざして

どのように

「ねっぱとくん」を使った情報モラルとリテラシーをみんなが楽しく、気軽に学び、共有できるシステムを創り

なにを

先生と子ども、親子が気軽に、楽しくちょこっと学べる情報モラル教育啓発資料マンガ「ネット警備隊ねっぱとくん」づくりを
「ねっぱとくん」の周知と入手・活用の多様な手段を
「ねっぱとくん」活用者の連携拡大と成果を

いっちょくトーク・コンソーシアムの構築

情報モラル・リテラシーをちゃんと学ぶ時代　ーみんなが変わろうー

学ばなければ、指導しなければ…

堅い、難しそう…
授業で…
時間が…

ネット警《けい》備《び》隊《たい》
ねっぱとくん
©2013 Onishi Hisao
を使ってー
肩肘張らず
どこでも
誰とでも

I　いっしょに
C　ちょくちょく
T　トーキング

できる資料や機会をつくる
それをみんなが支える
システム

みんなで関わり、みんなが気軽に学べる環境づくりを支えるシステムをつくりたい

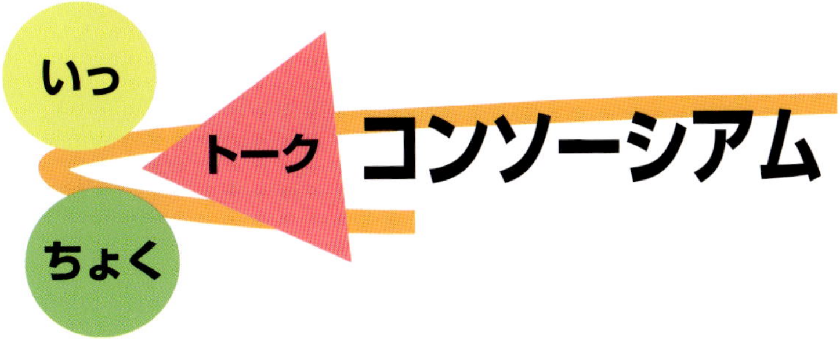

いっ
トーク
ちょく
コンソーシアム

コンソーシアム
consortium（共同事業体）
２以上の個人、企業、団体、政府（あるいはこれらの任意の組合せ）からなる団体であり、共同で何らかの目的に沿った活動を行ったり、共通の目標に向かって各資源や強みをプールしたりする目的で結成される。

スマホやネットを使う子どもたち等を様々な立場から共通の思いで支えるシステム

「ねっぱとくん」を使って、スマホやネットを正しく使うモラルやリテラシーを学ぶ。それを様々な立場からサポートするのが「いっちょくトーク・コンソーシアム」です。資料や教材の提供から、活用の場、学習する場づくり、それらの情報の共有や周知などをそれぞれの立場で共通の思いから行う共同事業体です。

親をはじめ身近な大人たちとして、教育行政事業として、研究・指導の立場として、開発・周知の視点として、実際に使っている立場として、の５つのグループが事務局である「ねっぱとくんポータル」を中心に手を組み、100万人プロジェクトの実現を目指しています。

PTA
大人G
教育委員会
・行政G
大学・学校
研究機関G
企業・
団体G
小中高
生G
ねっぱとくん
ポータル
（事務局）

目 次

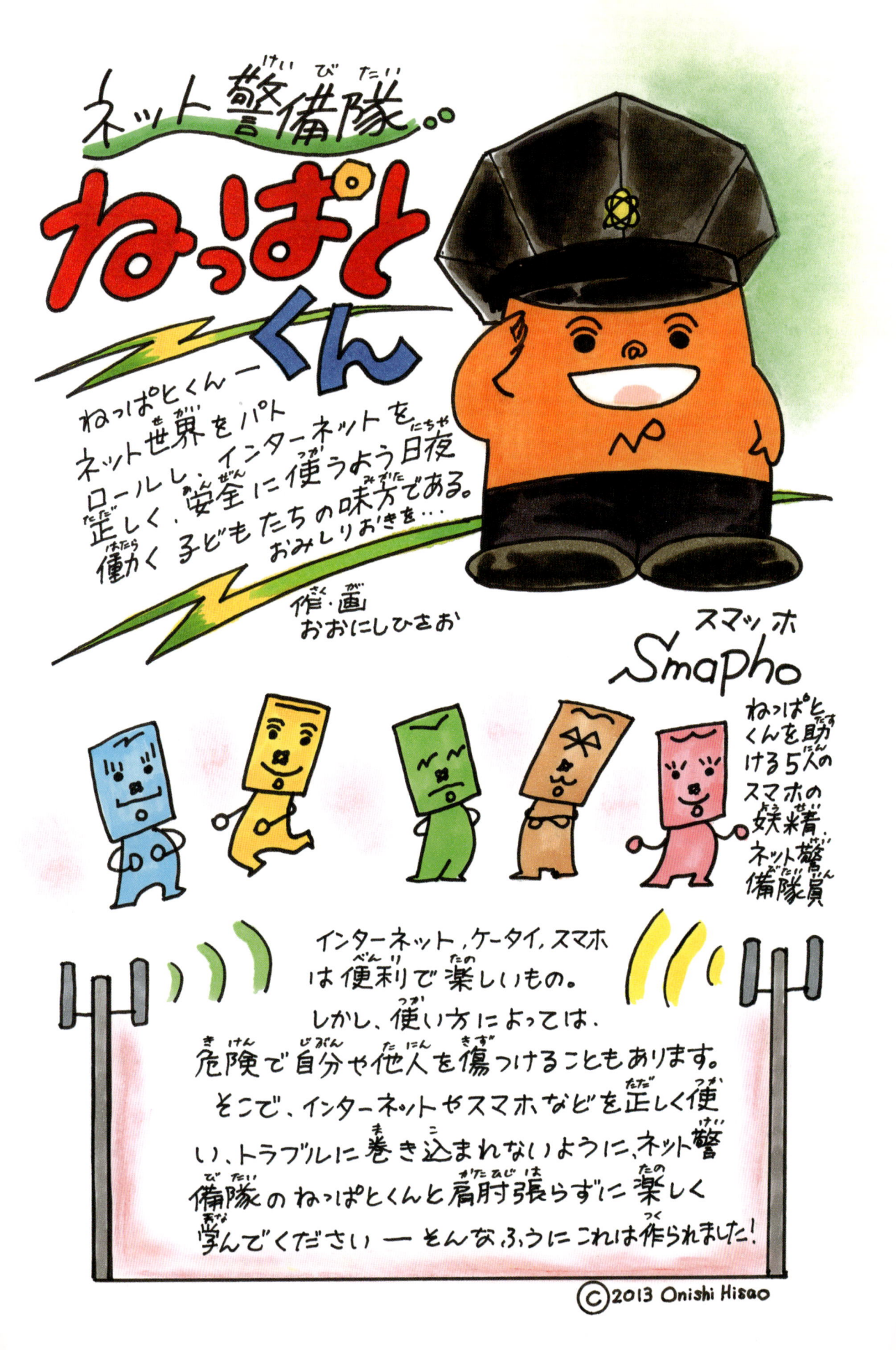

ネット警《けい》備《び》隊《たい》

ねっぱとくん

ねっぱとくん ―

ネット世界《せかい》をパトロールし、インターネットを正《ただ》しく、安全《あんぜん》に使《つか》うよう日夜《にちや》働《はたら》く子どもたちの味方《みかた》である。

おみしりおきを…

作《さく》・画《が》

おおにしひさお

Smapho《スマッホ》

ねっぱとくんを助《たす》ける5人《にん》のスマホの妖精《ようせい》、ネット警《けい》備隊員《びたいいん》

インターネット，ケータイ，スマホは便利《べんり》で楽《たの》しいもの。

しかし、使《つか》い方によっては、

危険《きけん》で自分《じぶん》や他人《たにん》を傷《きず》つけることもあります。

そこで、インターネットやスマホなどを正《ただ》しく使《つか》い、トラブルに巻《ま》き込《こ》まれないように、ネット警《けい》備隊《びたい》のねっぱとくんと肩肘《かたひじ》張《は》らずに楽《たの》しく学《まな》んでください ― そんなふうにこれは作《つく》られました！

1 ネット警備《けいび》隊《たい》のおしごと・・・
既《き》読《どく》したらシカトするな!!!
うざいヤツ
あいつは死《し》んだ
返信《へんしん》しなくちゃー
もう疲《つか》れた・・・・・
あ〜あ今日《きょう》もいるいる・・・・
・・・・
楽《たの》しいはずのスマホが・・・
ちがう!! インターネット、スマホはこんなんのためにあるんじゃない!
まーまー1人《ひとり》で大《おお》きくならず・・・
きゃ〜〜スマホが悪《わる》いの・・?

正《ただ》しく楽《たの》しく安全《あんぜん》に使《つか》ってもらいたいなあ…
このままじゃアブない…
プンプン
気持《きも》ちはわかる
ちゃんと学《まな》べばわかるよ
そうそう、我《われ》らネット警備隊《けいびたい》と一緒《いっしょ》に学《まな》んでいこうよ！
隊長《たいちょう》っ突然《とつぜん》現《あらわ》れますね…
こうした特性《とくせい》も知《し》って、使《つか》わないと、思《おも》わぬところで困《こま》ったことが起《お》こることもあるんだよ。
記録性《きろくせい》
ずっと残《のこ》る
公共性《こうきょうせい》
みんなのもの
公開性《こうかいせい》
誰《だれ》でも見られる
流出性《りゅうしゅつせい》
外《そと》に出《で》たり中《なか》に入ってきたりする
信憑性《しんぴょうせい》
正《ただ》しくないこともある
意外《いがい》と知《し》らないインターネットの特性《とくせい》
江戸川《えどがわ》大学《だいがく》の玉田《たまだ》和恵《かずえ》教授《きょうじゅ》によれば、インターネットには5つの特性《とくせい》があるというよ。便利《べんり》なところと危《あぶ》ないところを併《あわ》せ持《も》っているんだ。
ⓒ2013 Onishi Hisao

②見《み》えること 見《み》えないこと
これ君《きみ》が書《かい》いたろ…
えっ？
バカじゃないの—っ!!
ネット警備《けいび》隊《たい》なのに甘《あま》いな…
ぷす
どうしてわかっちゃったんだろう…??
ネットは匿《とく》名《めい》性《せい》（誰《だれ》だかわからない性《せい》質《しつ》）じゃないの…？
パ
あ〜っ
ぴりゅるるるる
見《み》えること
インターネットは匿《とく》名《めい》性《せい》だからわからないだろう…は間《ま》違《ちが》い。
探《さが》そうと思《おも》えば投《とう》稿《こう》して1日〜2日で誰《だれ》かはわかるんだよ。常《つね》に見《み》えていると思《おも》うことが大《だい》事《じ》なんだ。

見《み》えないこと

顔《かお》を合《あ》わせて言《い》うのとメールや陰《かげ》で言《い》うのとでは、伝《つた》わり方、受《う》け取《と》り方が違《ちが》うんだ。

互《たが》いの気持《きも》ちがネットでは見《み》えないこともあるって事《こと》。自分《じぶん》もいやな事《こと》は、書《か》き込《こ》まないのが一番《いちばん》！

③写真《しゃしん》は残《のこ》る―そしてある時《とき》に…
まったく何《なに》を考《かんが》えているんだか…
2013年―コンビニのアイスケースに入《はい》ったり、焼肉店《やきにくてん》の冷蔵庫《れいぞうこ》に入《はい》ったりしている写真《しゃしん》をネット上《じょう》にあげる若者《わかもの》たちが話題《わだい》になった……
救《すく》いようのない おバカさん…
きっと知《し》らないんだな….
これから起《お》こるかも知れないあの事実《じじつ》…
考《かんが》えなしの投稿《とうこう》かぁ〜
う〜ん じゃ1回《いっかい》ネット世界《せかい》を見《み》せちゃおうか!
ぜひ、お願《ねが》いします、隊長《たいちょう》!

ねっぱとくんのすご技《わざ》①
ネット世界《せかい》に自由《じゆう》に出入《でい》りでき，様子《ようす》を見《み》まわれる。
わお〜〜 もう手遅《ておく》れだ〜〜!! 拡散《かくさん》しちゃっている！
※拡散《かくさん》：ひろがりちること
何気《なにげ》なくインターネットにアップした1枚《いちまい》の写真《しゃしん》。自分《じぶん》の知《し》らないうちにコピーされ、あっという間《ま》に世界中《せかいじゅう》に拡散《かくさん》することもあるんだ。
——だから
どこに出《だ》しても自分《じぶん》や他人《たにん》が困《こま》ったり，傷《きず》ついたりしないような写真《しゃしん》やデータを使《つか》わないといけないんだ。
君《きみ》は昔《むかし》インターネットにおもしろい写真《しゃしん》を投稿《とうこう》していたね。
○○株式会社《かぶしきがいしゃ》入社《にゅうしゃ》試験《しけん》
えっ……
—さもないと将来《しょうらい》こんなところにも影響《えいきょう》することも……

4 写真《しゃしん》でわかる―あなたは誰《だれ》、どこにいる
熱戸《ねつと》愛《あい》
@netai
塾《じゅく》の前《まえ》で須麻歩《すまほ》ちゃんと・・・
○△□書店
あちゃ～～
また危《あぶ》ない
写真《しゃしん》を・・・
みてら
れない
・・・
スマッホたちが
心配《しんぱい》しているのは なぜか
わかるかな？
実《じつ》は この投稿《とうこう》写真《しゃしん》
組《く》み合《あ》わさると危《あぶ》ないところ
がざっと 9つあるよ！

この投稿《とうこう》写真《しゃしん》の
どこが危《あぶ》ないのかー
9つ見《み》つけられるかな?
9つの○に危《あぶ》ない訳《わけ》
を書《か》いて、それがど
こか線《せん》を入《い》れてみよう
やってみ〜〜
スマホにはこんなヒミツが…
GPSがついているスマホは写真《しゃしん》を撮《と》るときに位置《いち》情報《じょうほう》(ジオタグ)を写真《しゃしん》につけるんだ。(GPS：人工衛星《じんこうえいせい》を利用《りよう》して自分《じぶん》が地球上《ちきゅうじょう》のどこにいるのかがわかるシステム)
スマホのカメラは、初期《しょき》設定《せってい》でジオタグはON《オン》となっている。
スマホなどで撮影《さつえい》し、ネットに投《とう》稿《こう》された写真《しゃしん》には、個人《こじん》を特《とく》定《てい》できる情報《じょうほう》がいっぱい。
例《たと》えば… 個人《こじん》の名前《なまえ》(もってのほか!)
目印《めじるし》になる建物《たてもの》、店《みせ》、看板《かんばん》、特《とく》に目立《めだ》つもの、そして個人《こじん》の顔《かお》などなど…
気《き》をつけないと——
ある日《ひ》突然《とつぜん》、変《へん》な人《ひと》が……
ロロロスクールに通《かよ》っている熱戸《ねつと》愛《あい》ちゃんと須麻歩《すまほ》ちゃんでしょ!

５ ケータイ スマホ おもての顔《かお》・うらの顔《かお》

ケータイ・スマホは便利《べんり》——
しかし、同時《どうじ》に２つの顔《かお》を持《も》っていることを
常《つね》に意識《いしき》しておかないといけない

いつでもどこでも使《つか》える
いつもつながった状態《じょうたい》
常《つね》に気《き》になってしまう
動画《どうが》・音声《おんせい》などを気楽《きらく》に保存《ほぞん》できる
スキルとマナーの不釣《ふつ》り合《あ》い
法《ほう》やマナーに反《はん》してしまう
多様《たよう》な機能《きのう》で様々《さまざま》な人《ひと》とつながれる
相手《あいて》も自分《じぶん》と同《おな》じと思《おも》い込《こ》み
トラブルに巻《ま》き込《こ》まれることも…

常《つね》につながっているってこんな感《かん》じ
あ〜〜
もうカンニン…
心《こころ》の余《よ》裕《ゆう》もなくなり、心《こころ》を奪《うば》われてしまわないように…
時《とき》にはケータイ・スマホから離《はな》れてみよう
人《ひと》のものを使《つか》うときは許可《きょか》を得《え》るのは現《げん》実《じつ》世《せ》界《かい》もネット上《じょう》でも同《おな》じこと
あの写《しゃ》真《しん》を使《つか》わせてください
いいよ〜
心《こころ》に余《よ》裕《ゆう》があると他《た》の人《ひと》に心《こころ》を向《む》けられる
君《きみ》もボクと同《おな》じ気《き》持《も》ちだと思《おも》う！
ちゃう!!
違《ちが》う感《かん》じ方《かた》，考《かんが》え方《かた》の人《ひと》もいることを忘《わす》れずにいたいね。

6 ちょっと待《ま》った！ そのクリック
ケータイ・スマホを楽《たの》しんでいると、時折《ときおり》 ある――――こんなこと・・・
クリックしろ クリックしろ
わおっ！ やったー
どきどきゲーム
アイテム プレゼント
ココをクリック
登録《とうろく》 登録《とうろく》 今《いま》でしょ！
あ、これ いいかも
無料《むりょう》アプリ
今週中《こんしゅうちゅう》
通話《つうわ》・メール・スタンプ フリー
今《いま》すぐ登録《とうろく》
インターネットの世界《せかい》には、こんな誘《さそ》いをかけてくるサイトやアプリもあるよ。その中《なか》には情報《じょうほう》を盗《ぬす》んだり、お金《かね》を請求《せいきゅう》してくるものもあるんだ。
クリック！ クリック！ 登録《とうろく》！ 登録《とうろく》！

クリック
しちゃおう
かな…
よし！
そのまま
ゴーだ！
そうだ！
クリック
登録《とうろく》
登録《とうろく》
かな…？
行け～
行け～
ぴたっ
ぱたっ
あれ　あれ
バッテリー
が～～
ぱたっ
ぱたっ
ブラック・スマッホ
また悪《わる》さを
始《はじ》めたな！
えい！
ねっぱとくん
すご技②
スマッホたちのバッテリーを奪《うば》うことができる
ブラック・スマッホ…時々《ときどき》、ネット界《かい》に現《あら》われ悪《わる》さをするスマッホたち。
クリックや
登録《とうろく》は簡単《かんたん》にしてはいけないね。
よ～く調《しら》べたり、相談《そうだん》してからがいいね。
やっぱ
やめとこ
…

７ SNS《エスエヌエス》で加害《かがい》にも、被害《ひがい》にも・・・

ケータイ・スマホは簡単にカメラで
写真が撮れる。その便利さが時として・・・

A
@AA_123
スクープ！二人《ふたり》つきあってるみたい。^o^
2013/10/22 18:25
ツイッターにあげちゃおっ♥
それだめ！だめ！
えっ？大丈夫《だいじょうぶ》…？
大丈夫《だいじょうぶ》じゃないさ！
相手《あいて》の気持《きも》ちを考《かんが》えてごらん
スマッホたちが止《と》めている訳《わけ》がわかるかい？
本人《ほんにん》に断《ことわ》りなく写真《しゃしん》を撮《と》り、勝手《かって》に他《た》の人《ひと》の目《め》に触《ふ》れさせるのは、撮《と》られた人《ひと》にとても嫌《いや》な思《おも》いを与《あた》える――このことを忘《わす》れちゃいけないね！
ツイッターなどのSNS《エスエヌエス》に勝手《かって》に投稿《とうこう》しちゃうのは人権《じんけん》侵害《しんがい》だよ。
その写真《しゃしん》は二度《にど》と回収《かいしゅう》できず、投稿《とうこう》した人《ひと》は、加《か》害者《がいしゃ》となると共《とも》に時《とき》には、その人《ひと》が大《おお》きな被害《ひがい》を受《う》けることもあるんだ。
©2013 Onishi Hisao

⑧ インターネットは みんなのもの

インターネットは、機器《きき》や条件《じょうけん》が整《ととの》えば、誰《だれ》もが自由《じゆう》に使《つか》える便利《べんり》なもの。だからこそ、誰《だれ》かが、独《ひと》り占《じ》めをするような使《つか》い方《かた》に気《き》をつけておく必要《ひつよう》がある。例《たと》えば、こんな使《つか》い方は・・・。

やっほー
もう一回《いっかい》!!
ほほ
ほ〜い
それ〜!
へへへ
驚《おどろ》け〜
○□△小学校《しょうがっこう》が明日《あした》朝《あさ》
バクハツするよ!
えーうそ!
大変《たいへん》!!
本当《ほんとう》か?
そんなこと言っていいの?
連続《れんぞく》投稿《とうこう》〜!!
ダダダダッ
!
…
※ネット上の書《か》き込《こ》みで、悪質《しつ》なものは、逮《たい》捕《ほ》、補導《ほどう》される場合《ばあい》もあります。
ウイルスを送ってやれ!
カタカタ

みんなが使《つか》うもの
みんなで使《つか》うものを
独《ひと》り占《じ》めしたり――
使《つか》いづらくしたり――
使《つか》えなくしたり――
みんなが集《あつ》まるところで嘘《うそ》やデマを伝えたり――
バス
公園《こうえん》
電車《でんしゃ》
横断旗《おうだんき》
横断
嘘《うそ》
デマ
独占《どくせん》
ブラック
スマッホ
好《す》き勝手《がって》は
させないぞ！
バスや電車《でんしゃ》、
公園《こうえん》などと
インターネットも
同《おな》じもの。みんなで使《つか》っているんだと考《かんが》えると…
どんな使《つか》い方をするべきなのか…は、わかるね！
©2013 Onishi Hisao

9 LINE《ライン》が悪《わる》い…のかな…?
LINEのグループトーク画面《がめん》だね
6/22(金《きん》)
既読《きどく》(4) 23:17
ねー「○○○」見《み》たー?
ユメ
明日《あした》カラオケいかない? 23:19
既読《きどく》(4) 23:19
明日《あした》塾《じゅく》あるよ…
ハル
いく いくー 23:20
あれ あれ 様子《ようす》が変《へん》だね
イモ
あたしも いくー 23:20
タコ
絶対《ぜったい》いく 23:20
ユメ
じゃ決定《けってい》!明日《あした》ね 23:21
なんで…?!
既読《きどく》スルー…

6/23（土《ど》）
ユメ、ハル、イモ、タユが退出《たいしゅつ》しました。
置《お》き去《ざ》り…
LINE《ライン》なんてキライ…
グループでつながっていた友達《ともだち》って、本物《ほんもの》の友達《ともだち》？
LINE《ライン》が悪《わる》いの？
LINE《ライン》だろうが、他《ほか》のSNS《エスエヌエス》だろうが、そのアプリやツールのせいなのかな〜？本質《ほんしつ》はそこじゃないんじゃないかな…
人《ひと》を傷《きず》つけたり、苦《くる》しめたりするのはそれを悪用《あくよう》する人。本当《ほんとう》の仲間《なかま》や友達《ともだち》ならそんなことするはずない！
それでもそんな人たちとつながっていたい？ もう、そんなものに振《ふ》りまわされるのは、やめよう!!
ピロロン
あ〜既読《きどく》スルーされた…
LINE《ライン》なんてキライだ…
隊《たい》ちょ〜!!

10 ネット世界《せかい》を正《ただ》しく歩《ある》こう！

インターネットは、これまで見《み》てきたような私《わたし》たちにマイナスの影響《えいきょう》ばかりを与《あた》えてきたのだろうか……

インターネットがあるから世界《せかい》の様々《さまざま》な人《ひと》たちとデータなどを共有《きょうゆう》することができる。
インターネットがあるから世《せ》界《かい》のいろいろな人と一瞬《いっしゅん》でつながることができる。
インターネットがあるから世界《せかい》の出来事《できごと》をすぐ知《し》ることもでき、時《とき》には助《たす》け合《あ》い、励《はげ》まし合《あ》うこともできる。
便利《べんり》なものを、正《ただ》しく便利《べんり》に使《つか》う「心《こころ》」と「術《すべ》」を身《み》につけよう！
上手《じょうず》に、有効《ゆうこう》に活用《かつよう》すれば、居《い》ながらにして世界《せかい》を駆《か》け巡《めぐ》ることができるのが、インターネットである。

「ねっぱとくん」を使《つか》って ここまで よ〜く感《かん》じ、考《かんが》え 学《まな》んできました！
今日《きょう》から あなたも我々《われわれ》 ネット警備隊《けいびたい》の一員《いちいん》です！
※認定証《にんていしょう》 認《みと》めるための証《あかし》となる書類《しょるい》。
※準隊員《じゅんたいいん》 隊員《たいいん》に近《ちか》い資格《しかく》の存在《そんざい》。隊員《たいいん》の次《つぎ》の役割《やくわり》。

Certificate
認　定　証

ネット警備隊準隊員

殿

あなたは、インターネットの特性をよく理解し、ケータイ・スマホ等を正しく有効に使える心と術を身につけた者とし、ネット警備隊準隊員として活動できることをここに認める。

年　　月　　日

準隊員番号　0000000

ネット警備隊
隊長　ねっぱとくん

作者　おおにしひさお

Certificate
認　定　証

ネット警備隊准隊員

殿

あなたは、インターネットの特性を
よく理解し、ケータイ・スマホ等を正しく
有効に使える心と術を身につけた者
とし、ネット警備隊准隊員として活動
できることをここに認める。

年　　月　　日

准隊員番号　0000000

ネット警備隊
隊長　ねっぱとくん

作者　おおにしひさお

第《だい》2部《ぶ》

ネット警《けい》備《び》隊《たい》 ねっぱとくん

何《なん》のために
どう使《つか》う
ケータイ、スマホ、
インターネット

⑪ ネットに依《い》存《ぞん》…あなたは大丈夫？
ネット
どっぷり〜!!
依存状態《いぞんじょうたい》だね…
ありゃ〜 流《なが》されてるなあ…
スマッホを依存《いぞん》と言《い》うかはギモンだけど…
いつもそのことが気《き》になってしまう、自分《じぶん》で使《つか》うことをコントロールできなくなってしまう状態《じょうたい》を「依存《いぞん》」と言《い》う。
ケータイ、スマホ、PCなどの各種《がくしゅ》ゲームなどでインターネットにつながり続《つづ》けるのが「ネット依存《いぞん》」だ。

米国《べいこく》のピッツバーグ大学《だいがく》、心理《しんり》学者《がくしゃ》である
キンバリー・ヤング博士《はかせ》の「ネット依存《いぞん》」の
定義《ていぎ》は８つ。それらを紹介《しょうかい》します。このうち
5つ当《あ》てはまると依存《いぞん》傾向《けいこう》が強《つよ》いようです。
1　予定《よてい》していたより長《なが》くネットを使《つか》ってしまう
2　ネットを使《つか》っていない時《とき》もネットのことを考《かんが》えてしまう
3　ネットを使《つか》っていないと落《お》ち着《つ》かず、イライラする
8　ネットにはまっていることを隠《かく》したことがある
よくある（赤《あか》）
たまにある（黄《き》）
あなたはいくつ当《あ》てはまるかな…？
4　ネットを使《つか》う時間《じかん》を減らそうとしても失敗《しっぱい》してしまう
7　ネットを使《つか》うことで、勉強《べんきょう》や人間《にんげん》関係《かんけい》に悪《わる》い影響《えいきょう》が出《で》ている
6　落《お》ち込《こ》んだり、嫌《いや》なことなどから逃《のが》れるためにネットを使《つか》うことがある
5　長《なが》くネットを使《つか》っていないと満足《まんぞく》できなくなっている
私《わたし》のネット依存《いぞん》傾向《けいこう》は…
/8
/8
いろいろな考《かんが》え方《かた》もあるけど、自分《じぶん》の様子《ようす》を知《し》っておくことは大切《たいせつ》だよ
ほどほどにね！

12 親子《おやこ》で考《かんが》えよう―家庭《かてい》でのルールづくり

スマホを常《つね》に手《て》ばなさないんだよ！
学校《がっこう》は禁止《きんし》してんのに…どうしてくれるんだ！
やんや　やんや
プンプン
おれのID《アイディー》盗《ぬす》まれたー
シカトするしー、悪口《わるぐち》書《か》かれるしー、もうヤダ
うちの子《こ》スマホでいっつも疲《つか》れてんだよ！
どーしてくれんのよ！使用料《しようりよう》がバカにならないのよ！
子《こ》どものスマホは使《つか》えなくした方《ほう》がいいだろ！
た、隊長《たいちよう》〜〜っ
こりゃたまらん…
ある日《ひ》、突然《とつぜん》みんなが一斉《いっせい》に文句《もんく》を言《い》い始《はじ》めた――
食《く》い止《と》めとけ！スマッホ
親《おや》は業者《ぎょうしゃ》の
教師《きょうし》は親《おや》の
子《こ》どもは友《とも》だちの
せいにしていても
何《なに》も変《か》わらないよ〜〜！

親子《おやこ》で、学校《がっこう》で、友達間《ともだちかん》で、そして自分《じぶん》の中《なか》で、ルールをつくるといいね。他《ほか》からの押《お》しつけで決《き》めるのではなく、当事者《とうじしゃ》(自《じ》分《ぶん》)が入《はい》って、一緒《いっしょ》につくることが大切《たいせつ》。決《き》めるときに考《かんが》えるべき10項目《こうもく》をあげておくので、参《さん》考《こう》にしてみてほしいな。
家庭《かてい》で決《き》めるなら…
1. 使用時間《しようじかん》と使用場所《しようばしょ》
2. フィルタリング必須《ひっす》
3. 会員登録《かいいんとうろく》のルール
4. セキュリティ対策《たいさく》
5. 書《か》き込《こ》み・投稿《とうこう》のルール
6. アプリ・ソフトのダウンロードのルール
7. ネットで知《し》り合《あ》った人《ひと》との接触《せっしょく》
8. 利用状況《りようじょうきょう》の定期的確認《ていきてきかくにん》
9. 困《こま》ったら即《そく》、相談《そうだん》
10. ルール・約束《やくそく》を守《まも》れなかったら…
子《こ》どもは、ルールがあるから使《つか》えると思《おも》うこと。親《おや》は、ルールを決《き》めるのが責任《せきにん》と思《おも》うこと。

13 大人《おとな》がしっかりしなければ…!

とある公園《こうえん》のベンチでお年《とし》寄《よ》りが一人スマホをながめていた…
なんか淋《さび》しそう…
いや家族《かぞく》がいないのかも一人《ひとり》ぼっちなんだ…
いや、友達《ともだち》がいないのかも…?
操作《そうさ》がわからないのかも…?
おじいちゃんスマホで何《なに》か困《こま》っていませんか? お手伝《てつだ》いしましょう!
最近《さいきん》のやつらのスマホの使《つか》い方に困《こま》っとる!!
誰《だれ》が友達《ともだち》おらんだ…!
そ、そうですか…

スマホが普及《ふきゅう》し、便利《べんり》になるのはいいことじゃ。じゃが、心《こころ》を置《お》き去《ざ》りにした便利《べんり》はいかん！フェイスブックで友達《ともだち》になりたいのなら、あいさつのメッセージを入《い》れるのがルール。ソーシャルメディアでお願《ねが》い事《こと》をするのは、本当《ほんとう》に親《した》しくなってからじゃ。1回《いっかい》心配《こころくば》りをしたくらいでは、他《ほか》の方法《ほうほう》がよろしい。さらに断《こと》わりもなく他人《たにん》の投稿文《とうこうぶん》や写《しゃ》真《しん》を使《つか》うのは「土足《どそく》で人《ひと》の家《いえ》に上《あが》る」のと同《おな》じじゃ。ネット上《じょう》も心《こころ》を失《うしな》っては、いかんのじゃ！
ひえ～ 今回《こんかい》は文字《もじ》が多《おお》い…
ごめんなさい～
三傑《さんけつ》～??
先《さき》に言《い》っといて下《くだ》さいよ～。
スーパーサイヤ人《じん》かと思《おも》った…
あはははは…ついにナポリも「スマじい」と会《あ》ったかあ～。ボクがすごいなと思《おも》っているリアル界《かい》の三傑《さんけつ》のひとりなんだ。西田《にしだ》柿右衛門《かきえもん》さんだ！
スマじいと呼《よ》んでいるけどね。
あと二人《ふたり》は、どんな人《ひと》なんですかあ～？
そのうちわかるさ…
ナポリという名《な》があったんですよ～

14 自分《じぶん》がコントロール

この間《あいだ》ナポリがスマじいに気合《きあ》いを入《い》れられたらしい…
ホント大変《たいへん》だったんだから～
隊長《たいちょう》が認《みと》めるリアル界《かい》の三《さん》傑《けつ》の一人《ひとり》らしい
三傑《さんけつ》～??
はつみみ～～
テンダー
アシド
ナポリ
サンタン
ロビン
隊長《たいちょう》っついでに我々《われわれ》の名前《なまえ》も紹介《しょうかい》下《くだ》さい
自分《じぶん》でやれば
いい機会《きかい》だから紹介《しょうかい》しておこう！
スマじい こと 西田《にしだ》 柿右衛門《かきえもん》 スマホ、ネット扱《あつ》いは若者《わかもの》以上《いじょう》。話《はなし》は長《なが》い。
ねっぱとくんは、ネット界《かい》の警備隊長《けいびたいちょう》だが、リアル界《かい》（現実《げんじつ》の世界《せかい》）にも しっかりとケータイ・スマホなどを正《ただ》しく使《つか》って素敵《すてき》に生活《せいかつ》している人《ひと》がたくさんいるよ。
スマJK《ジェイケィ》 こと 有村《ありむら》あゆみ
スマホを自《みずか》らコントロールしながら使《つか》いこなすスーパー女子高生《じょしこうせい》
その中《なか》でもボクが認《みと》めるスゴイ三傑《さんけつ》を紹介《しょうかい》します！

スマJK《ジェイケイ》は、スマホを自分《じぶん》のペースや考《かんが》えに合《あ》わせ、上手《じょうず》に使《つか》いこなす天才《てんさい》だ。LINEなどのダラダラやり取《と》りを自分《じぶん》の決《き》めた時間《じかん》にストップさせる自作《じさく》スタンプでみんなの中《なか》にやわらかなルールづくり。
ねー セーラ服姿《ふくすがた》の写真《しゃしん》をお願《ねが》い
彼氏《かれし》
Snapchat
どうしても断《こと》われない彼氏《かれし》のお願《ねが》いに10秒間《びょうかん》までしか表示《ひょうじ》されず、消《き》えてしまい、記録《きろく》もされないSnapchatというアプリで乗《の》り切《き》る。
おかんバクハツ
今日《きょう》はここまでネ
ま・た・あ・し・た
スマホに振《ふ》り回《まわ》されず、自分《じぶん》ルールをスマートに決《き》めてスマホをコントロールしているんだな。
へえ〜〜っ すごい人《ひと》たちがいるんだ〜〜 で、あと一人《ひとり》は？
三傑《さんけつ》のラストはこと、みやんスマホを使《つ》う
「スマネコ」といい、ネコだ。
ネコですか…
イヌがケータイ売《う》る時代《じだい》ですから

15 「心《こころ》」と「術《すべ》」を鍛《きた》えないとね

隊長《たいちょう》！本当《ほんとう》にネコが三傑《さんけつ》ですかぁ〜〜
ネコがスマホ使《つか》うんですか〜〜？？
ネコパンチの手《て》でどう使《つか》うんだろう…？？
使《つか》う側《がわ》の気持《きもち》ちゃ心《こころ》なんだよ
ん、なわけないない〜〜
家族割《かぞくわり》きくのか…？ゼロ円《えん》？
まっ、そんなことがあってもいいが…

大事《だいじ》なことは、スマホやネットに使《つか》われちゃいけないということ。使《つか》い方《かた》に自分《じぶん》の考《かんが》えをしっかりと持《も》つことなんだ。

スマホやネットのおかげで、多《おお》くの人たちと知《し》り合《あ》えたよ！
ルールを守《まも》って正《ただ》しく使《つか》うよ！
コミュニケーション手段《しゅだん》として欠《か》かせない！
ないと困《こま》る！！

スマJK《ジェイケイ》(JK《ジェイケイ》:女子高校生《じょしこうこうせい》のこと)こと、有村《ありむら》あゆみさんは、それでもスマホやネットの使《つか》い方は、難《むずか》しいと言《い》っている。
彼女《かのじょ》の声《こえ》を聞《き》いてみよう。
本当《ほんとう》ならスパッと断《こと》われれば"楽《らく》だけど"。私《わたし》たちの年頃《としごろ》では現実的《げんじつてき》にムリな話《はなし》・・・
Snapchat《スナップチャット》だって完全《かんぜん》に安全《あんぜん》なわけじゃない・・・技術《ぎじゅつ》はどんどん変《か》わる。
写真《しゃしん》なんかあげない方《ほう》がいいのもわかっている・・・
だからこそ私《わたし》は、流《なが》されるままで使《つか》うのではなく、今《いま》知《し》っていること、できることの中《なか》で考《かんが》えて使《つか》っている。でも、まだまだ完全《かんぜん》じゃないから、もっとくわしい人《ひと》にも学《まな》び、しっかりと正《ただ》しく使《つか》える人《ひと》になりたい!
自分《じぶん》や他《た》の人《ひと》を思《おも》いやり、これはどういうことにつながるのかをちょっと想像《そうどう》できるそんな「心《こころ》」とフィルタリングやセキュリティをはじめとした技術《ぎじゅつ》や知識《ちしき》を学《まな》ぶことの「術《すべ》」の両面《りょうめん》をもっと鍛《きた》えていきたいね。
©2013 Onishi Hisao

16 ID《アイディ》は個人情報《こじんじょうほう》
Michi2456@ok.ne.jp (18)
暇《ひま》してまーす。フオローして(o'ω')o
LINE ID
埼玉《さいたま》[1分前《いっぷんまえ》]通報《つうほう》
@Daigo1182 (17)
お友達《ともだち》になりましょ
TWITTER ID
島根《しまね》[1分前《いっぷんまえ》]通報《つうほう》
keikocci (16)
JK《ジェイケー》でーす。(^-^)
SKYPE ID
東京《とうきょう》[1分前《いっぷんまえ》]通報《つうほう》
omotenashi (36)
サポ高《たか》めです。お話《はなし》しましょう(o'A')o
KAKAO ID
東京《とうきょう》[3分前《さんぷんまえ》]通報《つうほう》
※サポ＝サポート
援助交際《えんじょこうさい》のこと
あちゃ〜〜 またこんなに ID《アイディ》をさらして 〜〜。
ID《アイディ》 交換《こうかん》 掲示板《けいじばん》 だね
あぶない あぶない ・・・
ロビン
住《す》んでいる所《ところ》 春日部《かすかべ》市《し》小衾《こぶすま》5791
星座《せいざ》 トゴシギン座《ざ》
血液型《けつえきがた》 Q《キュウ》型《がた》
好《す》きな食《た》べ物《もの》 オムライス
女優《じょゆう》 能年玲奈《のうねんりな》
あれ？ ロビン 背中《せなか》に何《なに》 つけてるの？

え〜っ！ とって とって！
個人情報《こじんじょうほう》を公開《こうかい》しているのとおんなじだね
夕《ゆう》べ 自己紹介《じこしょうかい》をまとめていて その上につい寝《ね》ちゃったんだ〜
へー
能年《のうねん》ちゃんファンがー
しかし この ID《アイディ》 交換掲示板《こうかんけいじばん》は 心配《しんぱい》だね
ID《アイディ》が個人情報《こじんじょうほう》ということを知《し》っているのかな〜？
この「サポ高《たか》め」というのは、明《あき》らかに犯罪《はんざい》につながるね！
ID《アイディ》やパスワードは「個人情報《こじんじょうほう》」!!
それを不特定多数《ふとくていたすう》の人《ひと》が知《し》ることができるところに示《しめ》すのは、危険《きけん》なこと！
自分《じぶん》は、友達《ともだち》や新《あら》たなつながりづくりのつもりでも、中《なか》にはそんな気《き》もなく、別《べつ》の目的《もくてき》で友達《ともだち》になるふりをして連絡《れんらく》してくる人《ひと》もいるんだ。
しつこくいつまでも連絡《れんらく》してきたり、会《あ》いたがったりすることもあるよ。時《とき》には犯罪《はんざい》に巻《ま》き込《こ》まれてしまうことも…
次《つぎ》のことは、しっかりと気《き》をつけて!!
○ 個人情報《こじんじょうほう》はネット上《じょう》に掲載《けいさい》しない！
○ ネット上《じょう》で知《し》り合《あ》った人《ひと》と気軽《きがる》に会《あ》わない！
下《した》の2つを自分《じぶん》ルールにしよう！
NO
©2013 Onishi Hisao

17 フィルタリングはなぜあるの？
LINE《ライン》ができなくなるからやだ！
フィルタリングをかけなさい！
＜フィルタリング＞ 有害《ゆうがい》サイトにつながるのを制限《せいげん》するサービス
え〜〜。じゃ今《いま》もそのまま…？！
ここから話《はなし》が進《すす》まなくって…
ま…
それ以上《いじょう》のことがよくわからなくって…
インターネットにつなげる手段《しゅだん》って2つあるのを知《し》っていました？
えっ！そうなの？
携帯電話会社《けいたいでんわがいしゃ》がフィルタリングをかけるので、電話回線《でんわかいせん》でつなげたときは、有効《ゆうこう》なんだ。
最近《さいきん》は、Wi-Fi《ワイファイ》のときも、フィルタリングがかかるようになったんだ。
だからフィルタリングはかけておこう！
携帯電話《けいたいでんわ》会社《がいしゃ》による回線《かいせん》（3G《スリージー》ともいう）
Wi-Fi《ワイファイ》 電話回線《でんわかいせん》ではない（無線LAN《むせんラン》ともいう）

親《おや》や大人《おとな》がどうしてフィルタリングをかけたがるか、わかる？
わかんなーい！
きみたちを守《おも》るためさ！
——残念《ざんねん》ながら・・・
ネット上《じょう》には、親《おや》・大人《おとな》として見《み》せたくないサイトや情報《じょうほう》もあるからだよ！
1. アダルト（ポルノ）・風俗《ふうぞく》
2. 出会《であ》い系《けい》
3. 暴力《ぼうりょく》・残酷《ざんこく》な画像《がぞう》
4. 他人《たにん》の悪口《わるぐち》、他人《たにん》を傷《きず》つける記事《きじ》
5. 犯罪《はんざい》を誘《さそ》ったり、助《たす》けたりする内容《ないよう》
6. 毒物《どくぶつ》・麻薬《まやく》などの情報《じょうほう》
7. 自殺《じさつ》・家出《いえで》・喫煙《きつえん》・飲酒《いんしゅ》をすすめる
8. 個人情報《こじんじょうほう》・プライバシーを犯《おか》す
9. オンライン詐欺《さぎ》サイト
嫌《いや》な思《おも》いをしたり、心《こころ》が傷《きず》つくことがある
犯罪《はんざい》や事件《じけん》に巻《ま》き込《こ》まれることがある
金品《きんぴん》や個人《こじん》情報《じょうほう》が奪《うば》われることがある
そうなの？
みんながこんなことになってほしくないんだよ！フィルタリングは、カスタマイズできるので、親《おや》とよく話《はな》し合《あ》って、安全《あんぜん》に使《つか》える方法《ほうほう》を一緒《いっしょ》に考《かんが》えようよ！

18 ネットの(も)「無料《むりょう》・フリー」は要注意《ようちゅうい》！

無料《むりょう》と検索《けんさく》で出た
イラストを使《つか》ったものを
ネットにアップして、そのイラストを作《つく》った企業《きぎょう》から使用料《しようりょう》を求《もと》められるケースもあるんだよ
ネット警備隊《けいびたい》の
ねっぱとです
どうしてさ
無料《むりょう》って入力《にゅうりょく》
して出《で》てきたん
だぜ、サギじゃん！
インターネットの検索《けんさく》は
機械的《きかいてき》に行っているから、ここだけの画面《がめん》ですぐ信《しん》じちゃわない方《ほう》がいいんだ。その画像《がぞう》のあるサイトまでいって、本当《ほんとう》に無料《むりょう》で自由《じゆう》に使《つか》っていいのかをよく確《たし》かめないと！
インターネットの特性《とくせい》
記録性《きろくせい》
コピーされると無制限《むせいげん》に使《つか》えちゃうから・・・
公開性《こうかいせい》
誰《だれ》でも見《み》れる誰《だれ》かが見《み》てるから・・・
信憑性《しんぴょうせい》
もしかしたら違《ちが》っているかも知《し》れないから・・・
流出性《りゅうしゅつせい》
時《とき》には情報《じょうほう》が出《で》てしまうかも知《し》れないから・・・
公共性《こうきょうせい》
みんなで使《つか》っているものだから・・・
自由《じゆう》に使《つか》っちゃまずいものもあると考《かんが》えておいた方《ほう》がいい。そのとき1話《わ》で学《まな》んだネットの特性《とくせい》を思《おも》い出《だ》してほしい。
本当《ほんとう》に無料《むりょう》でも製作者《せいさくしゃ》にひと言《こと》、断《こと》わって使《つか》うのがマナーとしていいね！
©2013 Onishi Hisao

19 スマホ時代《じだい》の「便利《べんり》」は「誰《だれ》かの不都合《ふつごう》」かも…

年々《ねんねん》スマホを持《も》つ人《ひと》が増《ふ》え、小学《しょうがく》生《せい》でも使《つか》うようになってきています。まさしくスマホ時代《じだい》と言《い》えます。でも、スマホについている様々《さまざま》な機能《きのう》をどれくらい知《し》っていますか？

スマホは電話《でんわ》のできるコンピュータと言《い》っていい。様々《さまざま》なことができて、と〜っても便利《べんり》…

① カメラ
② Wi-Fi《ワイファイ》
③ LTE《エルティイー》
④ DLNA《ディエルエヌエイ》
⑤ Bluetooth《ブルートゥース》
⑥ 赤外線通信《せきがいせんつうしん》
⑦ オサイフケータイ
⑧ 近接《きんせつ》センサー
⑨ 輝度《きど》センサー
⑩ 加速度《かそくど》センサー
⑪ GPS《ジーピーエス》
⑫ カスタマイズ
0:10
だれ？

※ スマホの機種《きしゅ》や型《かた》により異《こと》なります。
ここでは、アンドロイド版《ばん》をベースにしています。

①カメラ

前後《ぜんご》につき、カンタンに写真《しゃしん》や動画《どうが》が高画質《こうがしつ》で撮《と》れる。

②Wi-Fi《ワイファイ》

無線《むせん》LAN《ラン》。ケーブルを接続《せつぞく》せずに、いろいろな機器《きき》をインターネットに接続《せつぞく》できる。その通信《つうしん》を使《つか》うことができる。

③LTE《エルティイー》

携帯電話《けいたいでんわ》のデータ通信《つうしん》3G《スリージィ》を高速化《こうそくか》した規格《きかく》。その通信方式《つうしんほうしき》も使《つか》える。

④DLNA《ディエルエヌエイ》

家電《かでん》、パソコン、モバイル機器《きき》と相互《そうご》接続《せつぞく》することができる。

⑤Bluetooth《ブルートゥース》

近距離《きんきょり》の無線通《むせんつう》信《しん》の1つ。イヤホン、キーボード、マウスなどを線《せん》なしでつなげることができる。

⑥赤外線通信《せきがいせんつうしん》

赤外線《せきがいせん》による通信方《つうしんほう》法《ほう》が使《つか》え、向《む》け合《あ》って通信《つうしん》ができる。

⑦オサイフケータイ

Suica《スイカ》やPasmo《パスモ》のように電子決済《でんしけっさい》がスマホを使《つか》ってできる。

⑧近接《きんせつ》センサー

近《ちか》づくものに反応《はんのう》するセンサー。（顔《かお》を近《ちか》づけるとキーボードが消《き》えるなどに使《つか》われる。）

⑨輝度《きど》センサー

周囲《しゅうい》の明《あか》るさを感知《かんち》。バッテリーを節約《せつやく》したりする。

⑩加速度《かそくど》センサー

動《うご》きを感知《かんち》し、落下時《らっかじ》などに機能《きのう》を止《と》めたりする。

⑪GPS《ジーピーエス》

人工衛星《じんこうえいせい》を利用《りよう》し位《い》置《ち》を割《わ》り出《だ》す。

⑫カスタマイズ

アプリなどが入《い》れられ、自由《じゆう》に機能《きのう》を増《ふ》やせる。

自分《じぶん》の好《す》きなときに電話《でんわ》ができ、アプリで連絡《れんらく》がとれる。自分《じぶん》が気《き》に入《い》ったものを写真《しゃしん》や動画《どうが》、音声《おんせい》で保存《ほぞん》し、ときにSNS《エスエヌエス》で発信《はっしん》できる。気《き》になる場所《ばしょ》などを簡単《かんたん》に確認《かくにん》し、まとめることができる…とっても便利《べんり》。でも、それって、誰《だれ》かの不都合《ふつごう》になっていないかな…?!

20 自分《じぶん》の中《なか》にリテラシーの木《き》を育《そだ》てよう！

ポテトを食《た》べていたら、いきなり知《し》らないおじさんから
——

それちょうだい

——は、あり得《え》ない…

カゼをひいて熱《ねつ》があるんだという友達《ともだち》に
——

いいね！

——とはふつう言《い》わない…

急《いそ》いでいたので、近《ちか》くに停《と》めてあった自転車《じてんしゃ》を
——

ちょっと借《か》りちゃおう

——なんてやってはいけない…

現実《げんじつ》社会《しゃかい》では「あれっ？」と思《おも》われることが、ネット上《じょう》ではけっこう平気《へいき》で行《おこな》われたりしているんだ。

どんなことだと思《おも》う…？

「情報《じょうほう》リテラシー」という種《たね》があります。

リテラシーとは読《よ》んだり、書《か》いたりする能力《のうりょく》のこと。これに「情報《じょうほう》」というコトバがつくと、パソコンやスマホなどの情報《じょうほう》機器《きき》や技術《ぎじゅつ》を使《つか》いこなす力《ちから》を意《い》味《み》します。

パソコン、スマホなどを使《つか》い出《だ》したら、自分《じぶん》の畑《はたけ》にまいてください。

すぐ芽《め》を出《だ》します。スマホなどをよく使《つか》っていると、どんどん大《おお》きくなり、木《き》になってきます。

でも、この木《き》は すぐいろいろな虫《むし》にたかられます。ただスマホなどを使《つか》っているだけでは、栄養《えいよう》が偏《かたよ》り、虫《むし》に弱《よわ》い木《き》になります。

正《ただ》しい使《つか》い方《かた》や知識《ちしき》の「術《すべ》」と相手《あいて》を思《おも》いやり、自分《じぶん》も大事《だいじ》にする「心《こころ》」のふたつの栄養《えいよう》を常《つね》に補給《ほきゅう》していくことが、自分《じぶん》をこの先《さき》しっかり守《まも》ってくれる立派《りっぱ》な情報《じょうほう》リテラシーの木《き》を育《そだ》てることになるんですよ〜〜。

ねっぱとくんより

長得《ヨウル》の島《しま》が
変《か》わったとき
ネット警備隊《けいびたい》。。
作画《さくが》 おおにしひさお
ねっぱとくん
番外篇《ばんがいへん》
©2013 Onishi Hisao
「スマネコ」誕生《たんじょう》のヒミツ

隊長《たいちょう》、スマホ使《づか》いの三傑《さんけつ》の一人《ひとり》だか一匹《いっぴき》だか…「スマネコ」みやんの話《はなし》を聞《き》かせてください！
あれ、まだ話《はな》してなかったっけ…？
ケータイ・スマホをしっかりと正《ただ》しく使《つか》う三傑《さんけつ》と隊長《たいちょう》が認《みと》めた「スマじい」と「スマJK《ジェイケイ》」はわかるんですが…どうしてその中《なか》にネコが入《はい》っているのかを知《し》りたいんです。
くわしくは第《だい》13～15話《わ》を読んでね
うんうん
よーし じゃ、話《はな》そうかー。
急《きゅう》に大《おお》きくならないでください。
実《じっ》は、「ヨウルの島《しま》」という小《ちい》さな村《むら》があるんだ。「良得島《ようるしま》」と昔《むかし》は言《い》っていたんだ。
日本《にほん》ですか～
もちろん日本《にほん》さ！
何県《なにけん》ですかー
もう質問《しつもん》しないでよろしい…

そんなことよりも この島《しま》がすごいのは、人《ひと》も動物《どうぶつ》も言葉《ことば》を交《か》わし、仲《なか》よく暮《く》らしていることなんだ。
島《しま》の村長《そんちょう》はヨウルさん。みんなから「ヨウルじいさん」と親《した》しまれている。
なんかスマじいノこと西田《にしだ》柿《かき》右衛《え》門《もん》さんに似《に》ている気《き》がする・・・
ヨウルさんは西田《にしだ》さんのお兄《にい》さんさ！
え〜っ！
ある年《とし》のクリスマス前《まえ》のこと――
みせんとうりぼはクリスマスプレゼントに何《なに》をサンタさんにお願《ねが》いしたんじゃ？

スマホ！
スマホって何《な》んじゃ？
え〜〜っ！ヨウルじいさん知《し》らないの〜〜？
おくれてる〜〜
遅《おく》れてるぅ〜〜！
その時《とき》から、村長《そんちょう》さんである「ヨウルじいさん」は スマホについて 学《まな》びはじめたんだ。
そうこうしている間《あいだ》にヨウル島《しま》には一気《いっき》にスマホが流行《りゅうこう》し出した。持《も》っていないものは悲《かな》しいめにあっていた・・・

自然《しぜん》と仲間《なかま》はずれも起《おこ》っていった…
そのうちスマホを使《つか》っているものたちの様子《ようす》がおかしくなってきた
つかれた…
どうしょう…5万円《まんえん》も払《はら》えない…
お前《まえ》，悪口《わるぐち》書《か》いたろ！
ド
スマホで知《し》りあった人《ひと》と会《あ》い、危《あぶ》うく連《つ》れ去《さ》られそうにもなった…
や〜っ!!
こら〜！
もう大丈夫《だいじょうぶ》じゃ
泣《な》かない泣《な》かない
うえうぇ
このままじゃいかん！
ひんぱんに起《お》こる問《もん》題《だい》に直面《ちょくめん》して…
ヨウル村長《そんちょう》は心《こころ》に決《き》めた。
JOULU
スマホやネットの正《ただ》しい使《つか》い方《かた》を教《おし》えねばいかん！
そして僕《ぼく》が呼《よ》ばれたんだ、ヨウルの島《しま》にー
サンタクロース？
やあ、やあよく来《き》てくれた！

みんなが正《ただ》しく使《つか》う学《まな》びを始《はじ》めたんだ。
先生《せんせい》は僕《ぼく》だけに限《かぎ》らず各方面《かくほうめん》の人《ひと》たちが関《かか》わった。
大学《だいがく》の偉《えら》い先生《せんせい》
NPO《エヌピーオー》等《とう》各団体《かくだんたい》からきれいなお姉《ねえ》さん
国《くに》や県《けん》の堅《かた》そうなお役人《やくにん》
SNS《エスエヌエス》運営会社《うんえいがいしゃ》のカッコイイお兄《にい》さん
現役《げんえき》のかわいい中高生《ちゅうこうせい》
自分《じぶん》たちもたくさん話《はな》し合《あ》い、体験《たいけん》し、正《ただ》しく使《つか》う学《まなび》を積《つ》み重《かさ》ねていった。

そんなある時《とき》…
みゃんは一人《ひとり》の男《おとこ》の子《こ》が川《かわ》で流《なが》されているのを発見《はっけん》
すぐSNS《エスエヌエス》で知《し》らせた…
みんな、助《たす》けて！
近《ちか》くでSNS《エスエヌエス》を見《み》てかけつけたミツバチのびいと力《ちから》を合《あ》わせ、みゃんは男《おとこ》の子《こ》を助《たす》けたんだ。
みゃんのSNS《エスエヌエス》による連絡《れんらく》で多《おお》くの人《ひと》が助《たす》けに来《き》たのは、言《い》うまでもない。
多《おお》くの人々《ひとびと》にほめられ，それから みゃんは正《ただ》しくスマホを使《つか》うようになったんだ。
「スマネコ」はこうして誕生《たんじょう》した！
ヨウル村長《そんちょう》や みゃんたちが がんばり、ヨウルの島《しま》は やがて日本一《にほんいち》スマホ・ネットを上手《じょうず》に使《つか》う島《しま》になったんだよ。
とっても素敵《すてき》な島《しま》なんだ！

やさしくゆるいトリセツ
教師編 第○話
保護者編 第○話
ここから始まる「やさしくゆるいトリセツ」は、教師、保護者の各立場でどのように活用したらいいかの簡単なヒントや作者の思いを綴ったものです。必ずそうしなければいけないという強いものではなく、どう使っても自由です。「やさしく」はイージーではなく「優しく」なんです。
困ったらちょこっと取り扱い方をゆる〜く話しています。
教師編と保護者編の各ページがあるよ。
そんな感じなので、表現もゆる〜くてすみませんね〜。
「ねっぱとくん」のスタンスは「使うな！禁止する！」ではありません。知識と技術を身につけ、「心」を豊かにして、正しく使うクールでスマートな日本人になろう、なんです。
そのために学ぶ素材、そのための教師と保護者用の取り扱い説明書（トリセツ）です。問題意識を持って、各ページのふきだしに教師、親、子どもの立場で考えを書いてみてください。
トリセツのカイセツ

やさしく ゆるい トリセツ 教師編 第１話

【こんなアプローチはいかが・・・】

○インターネットにつながる手段はどんなものがあるかな？いくつくらい家にある？私は 10 個もあるよ・・・なんて軽い話題から入るといいね。いきなり「インターネットは危険だから注意して使う！」なんて結論じみた話から入らない・・・後が続かないよ～。

○「インターネットはとっても便利だね。みんなはどんなことに使ってるのかな？」自由に話させるといいね。

○「便利だから、ついつい使う中で・・・こんな様子もあるよね」という疲れきった様子の話。「便利だけど困ったこともあるね」というアプローチで核心に入っていくといいんじゃないかな。

○そんな困ったことを解決するためにいろいろ教えてくれるのが、「ネット警備隊　ねっぱとくん」。一緒に学んでいこう！というスタンスで紹介してみてはどうでしょう。

【まめ知識・情報】

○案外、インターネットの特性を知らないで多くの人は使っている。諸説あるが、江戸川大学の玉田和恵教授によると「記録性」「公開性」「信憑性」「流出性」「公共性」があると言う。この詳細は、保護者編を参照してね。

○ネットパトロール：専門的な機関等がキーワード等を使って、ネット上の投稿の様子を見回り、不適切な内容や犯罪などにつながりそうなものを監視するシステム。「ねっと警備隊　ねっぱとくん」はそんな役割を持ったキャラクターという設定です。さらに、ねっぱとくんは、弟子であり警備隊員であるスマッホと共に現実世界にも現れて、正しく使うためのマナー・ルールまで触れて、インターネットや情報機器を有効、正しくに活用できる人になれるようアドバイスまでしてくれるいいヤツなんです。

保護者編 第１話

やさしくゆるいトリセツ

【こんなふうに使ってみては・・・】

○こんなの見つけた、こんな資料もらった・・・と嬉しそうに子どもに見せる。マンガだからきっと関心を示すと思うけど。

○こんな話知らなかった・・・と子どもと語り合ってみよう。インターネットの５つの特性を一緒に考えてみてもいいね。くれぐれもこのページは子どもに見せないように！知っていても知らないふりをして話を発展させよう。

【まめ知識・情報】

○江戸川大学の玉田和恵教授によるとインターネットの特性には、次の５つがあるという。

記録性：一度、ネット上にアップされた情報や画像は二度と消せない。なぜなら、誰かがコピー等をとってしまうと回収できないし、さらに拡散してしまうから。

公開性：誰もが見ることができるということ。逆に誰かが見ているということも言える。

信憑性：インターネットの情報は必ずしも正しいとは限らないということ。鵜呑みにしない、複数の情報にあたることも大切。

流出性：自分のコンピュータ等から情報が漏洩してしまうこともあるし、逆に外から入ってきてしまうこともあるということ。

公共性：みんなが使うものであるという意識を持とう。だから、独占もだめ、デマや風評など悪い使い方はいけないとなる。

○ネットパトロール：教師編の項目を参照してね～。

やさしくゆるいトリセツ　教師編　第２話

【こんなアプローチはいかが・・・】

○「インターネットは匿名だからわからない」と考えている人が多い・・・「あなたもそうでしょ？」「ところがそうでもないんだな～これが」というところから入ってみるといい。

○【まめ知識・情報】に書きましたが、ネット界は匿名でもあっても本人を特定してしまうスゴ技を有している猛者が多いことを知っておこう。

○見えること：匿名でもわかっちゃうよ、ということ。

見えないこと：気持ちは見えないね。特に、ネットで交わす文字だけの情報は、誤解されやすいこと。どちらも、それはなぜだろう・・・。そのためにはどうしたらいいだろう・・・を考える。話し合う場面や時間を設定したいね。これは本話の大きなねらいです。

○自分の心ない投稿により加害者になると同時に、自分の情報がすべてさらされ被害者にもなるという事象が生じることも知らせたいね。

【まめ知識・情報】

○匿名で投稿した内容から、24 時間以内に個人が特定された事例もあり、これは ID のちょっとした情報から類推したり、複数の投稿から情報をつなぎ合わせたりして、少しずつ個人を浮き彫りにしていくんです。複数の人たちが協力し合って、特定していく強力で変な連帯が生まれることもあり、それを楽しむ（「祭り」という）人々もいるということ。

○個人の情報は、氏名や学校名、所属などからはじまり、通っていた塾・予備校などからはたまた卒業アルバムの写真までネット上にさらされたケースもあるよ。

保護者編 第２話

やさしくゆるいトリセツ

【こんなふうに使ってみては・・・】

○親としてはなかなか実感がわかないテーマかも知れない。「え、ネットって匿名で誰だかわからないんじゃないの？」という声が聞こえてきそう。そう、普通の人にはわからない・・・でもネット界にはいろんな人がいるんです。地球上にもいろんな人種や動物がいるよね、ネット上も同じなんだよ。わからないと思っていても、わからせる技術を持った人、それを悪い目的で使う人もいるんだと一緒に考えたいテーマです。

○インターネットでもコミュニケーションは、友達同士と思っても慎重にしなければ、誤解を生むことを子どもに知らせたい。文字だけのメールやメッセージは、それだけが唯一の判断材料だから、真意が伝わりにくい。顔の表情や仕草、その場の雰囲気なども言葉と重ねて人は判断しているんだと補足してほしい。これは、長く生きてきた大人の役目。説教でなく話題提供です。

○「おじいちゃん、おばあちゃんに友達同士で使っている言葉で話しても伝わらないことがあるよね。そんなときどうする？」と問いかけてみよう。相手のことを考えて言葉を替えてみたり、 補ってみたりすると子どもはきっと言うでしょう。それがネット上でも誤解を生まず、うまくコミュニケーションをとるコツだと言ってあげてほしい。

【まめ知識・情報】

○一回投稿したものは、本人が後で削除する前にコピーを取り、保存して証拠としてしまう（これをその筋の人たちは「魚拓」と呼んでいる）。それを投稿し、みんなで本人特定に精を出すことに楽しみを見いだしている人々もいるんです。

やさしくゆるいトリセツ 教師編 第３話

【こんなアプローチはいかが・・・】

○自分が撮った写真を携帯やスマホ、パソコン等でインターネットに投稿した経験を子どもたちに問うところから、授業等に入ってもいいですね。

○ネット上にアップされたその写真は消すことができるか？を子どもたちに問うてみる。「消せる」を自分の端末から削除することと思っているものが多いかも。

○インターネットの特性の「記録性」「公開性」を振り返ろう。

○ネットの中で一端コピーされたものの回収は可能か？を考えさせることで本当の意味の「消せない」に気づかせることができるはず。

○今だけではなく、将来・未来に残るということを意識させ、自分に又は他人に迷惑や不利益が起こることがあるという事実に考えを及ばせるのが本話のメインテーマなんです。

【まめ知識・情報】

○入学試験や入社試験等でも受験者・応募者の氏名をインターネット検索にかけるところも出てきていると聞きます。「ID は匿名、偽名を使っているから大丈夫」は本当か？第２話のトリセツを見てほしい。簡単にわかっちゃうはず。何より、顔が出ている写真は一発ですよね。

○インターネット検索で「ネット投稿」等のキーワードで検索をかけてみれば、様々な事例が見つかるはず。具体的事例には事欠かない時代ですよ。

保護者編 第3話 やさしくゆるいトリセツ

【こんなふうに使ってみては・・・】

○親もともすると、家族、友人、所属団体の集まり等で携帯、スマホなどを使って写真を撮り、インターネットにアップすることがあるのでは・・・。そう、もはやこれは日常的なフツーの何気ない行為になっているんです。アイスケースや冷蔵庫に入って商品の上に寝そべっているような過激な写真をアップしてはいません。そりゃそうです・・・でも、家族はいいとしても友人や所属団体の各メンバーに「ネットにアップしていい？」と許諾を取っていますか？顔出ししていますよね。

○自分たち大人も気軽にやっていることだからこそ、子どもと一緒に話し合うには格好のテーマ。いわゆる「バカッター」と呼ばれる格好の素材もあります。それを切り口として、こんなことはしないけど、普段何気なくやっちゃっているこれはどうなんだろう・・・と一緒に考える。子どもと携帯・スマホについて話すいいチャンスにしてください。

【まめ知識・情報】

○第１話で扱ったインターネットの特性である「記録性」「公開性」を振り返ってみよう。誰もが見ることができるからの便利さは、誰もが見ているからいつまでも残る不都合さと同一線上にあるんだよ～と再確認したいね。

○企業や学校等でもインターネットで個人名検索をする時代ですし、それが可能な時代です。匿名、偽名ＩＤは簡単に暴かれる時代と思っていた方がよろしい。たとえ暴かれてもへいちゃらな投稿が問われています。

やさしくゆるいトーク 教師編 第４話

【こんなアプローチはいかが・・・】

○「ズバリ、この写真のどこが危険か？」を子どもたちに考えさせよう。直接、資料に書き込ませて○に理由まで考えさせる。本話は、子どもの作業や意見交換を中心に設定するとよいね。

○スマホには GPS 機能が付き、写真にも位置情報がついてしまうことを再確認しておこう。

【まめ知識・情報】

○〈解答〉写真の中で時計回り、順不同です。いくつか組み合わせると容易に特定できると考えよう！

1 「□□□スクール、電話番号」もうここに二人が通っていることはバレバレ。

2 「○△□書店」塾の側の本屋で位置の特定はイージー。

3 「奥の奇妙なアンテナ」こういう珍しいものがある家はベリーレア。

4 「丸窓とオレンジ色の家」３と合わせれば、特定物件でロックオン。

5 「カーブミラーと注意喚起の看板、その上に四角い街灯」はい、チェックメイト。

6 「蛙の絵とケロケロ、加藤医院」場所特定は簡単、ゲロゲロ。

7 「カーブにあるガードレールの特徴的な魚の飛び出す絵」ほい特定、ギョギョギョ。

8 「二人の顔出し」もう逃げも隠れもできません、オーマイゴッド！

9 「写真外ですが、書き込みに名前が出ています」名前教えちゃってます、サンキュー。

保護者編 第４話

やさしくゆるいトリセツ

【こんなふうに使ってみては・・・】

○第３話と関連することで、投稿する写真は本当に気をつけようねということがテーマ。「こんなことやってしまいがちだね」と話しやすいと思う。ところが、その写真から様々な情報を発信していることには、あまり気づかない。何を発信しているのか、大きく分けて３つ。

1　写真に映っている人物や背景等からの情報

2　写真と共にある書き込み情報

3　スマホに設定されている機器から発する位置情報

これらを組み合わせるとほぼ100％に近い個人特定情報となると考えていい。

○資料の写真のどこが危険か、親子で書き込んでみるといい。ピンクの○には、わかればその理由を書いて見よう。（解答はトリセツ教師編を参照）

○スマホのGPS機能、位置情報（ジオタグともいう）は子どもの方が詳しいことも・・・その場合は逆に教えてもらうといい。そこで、会話ができますよね。

【まめ知識・情報】

○ GPS機能は、犯罪や行方不明の防止、捜査、安否確認など便利で有効な点もあることは忘れてはいけない。

○スマホなどの写真の位置情報は、設定で解除することもできるので必要ない場合は切っておこう。

やさしくゆるいトーク　教師編 第５話

【こんなアプローチはいかが・・・】

○ケータイやスマホを使ったインターネット利用には正と負の両面があることを意識させることが、本話のテーマなんです。便利さの裏には別の顔をあるよねと共に考えさせたい。

○教師が一方的に提示するのではなく、「いつでも、どこでも使える」ということはどういうことなのか、「動画等の保存が可能」だとどんな不都合も発生するか、「様々な人と簡単につながれる」とどのようなよい面と悪い面があるのか、など常に両面から子どもに考えさせる時間があるといい。

○子ども自身、それぞれに考え、その上で本話を一緒に読むとより身近になるでしょう。

【まめ知識・情報】

○物事には必ず両面があることを気づかせる例として、「火」「刃物」「車」など身近なものがよい。使い方次第でプラス面とマイナス面が容易に浮かぶものを取り上げ、ケータイ・スマホも同じであることを意識づけること。

○使い方、使う人の意識でよくも悪くもなるものは、実は身の回りにたくさんあるはず。心の部分に及ぶところであり、便利だから使うだけでは不十分であることを強調しておく。

○メタ認知：自分を客観的に見ることができること。

目前心後（もくぜんしんご）：能役者は、自分が舞う様子を別の冷静な自分の目で見ることができる心境ができて、本物と言われる。

ケータイ・ネットは正しく使いこなすために、こんな力もつけたいもの。

保護者編 第５話

やさしくゆるいトリセツ

【こんなふうに使ってみては・・・】

○「いつでもつながるから安心」と「いつでもつながっているから疲れる」の両面を子どもは感じているはず。今、自分がどちらの状態に寄っているのか、話すきっかけに本話を使ってほしい。

○機能が豊富だから便利で、何でもできる。だからこそ、気をつけなくてはいけないことは何か？を一緒に考えるといい。その際に、自分にとっての視点だけでなく、相手があることを意識させたい。写真や動画、音声など自分のものでないものも簡単に手に入れられる機能もあるとすると、さあ、それってどうなの・・・。もし、自分の写真を勝手に持って行かれたらいい気持ちするのか？そういう力がスマホにはあるよ！と話題を振りたい。

【まめ知識・情報】

○情報リテラシーという言葉がある。これは、情報機器を使いこなす能力を言うのだが、もともとリテラシーは「読み書き能力」のことを指し、技量、能力だけと捉えがち。これからの情報リテラシーは、そうした技量、技術である「術（すべ）」と相手のことを思いやったり、様々な状況や影響まで想像できたり、マナーやルールを守ったりできる「心」の部分も含まれると考えたい。

やさしくゆるい

教師編 第６話

【こんなアプローチはいかが・・・】

○「ゲームやサイトで登録画面やボタンが出てきたときにどうしてる？」と投げかけ、話題を広げてみてはどうだろう。子どもたちの中には、困ったり、怖い思いをしたりしたこともあるかも知れない。あるいは気軽にクリックして登録してしまっているものもいるかも知れない。そういう子どもたちにとっては身近な話題になるはず。もしかすると体験を語ってくれるかも。そんな時間を持つことも意義があるんです。

○安直なクリックが次にどういう展開につながっていくのか？を想像させること。どんなことになるんだろう？なぜ「ねっぱとくん」たちは止めたんだろう？を考えながら本話を読んでみたい。

【まめ知識・情報】

○見知らぬゲームやサイトで安易に登録ボタンを押すと、それだけで料金課金したり、別の有料サイトに飛ばされたり、情報を抜かれたりなどのリスクがある場合があるんですよ。その際に、おまけ的なもの（ゲームなどに使う武器やグッズ、自分の化身であるアバターなどを着飾るためのアイテムというツールなどなど）などの甘い誘いもあるので、注意されたし。

保護者編 第６話 やさしくゆるいトリセツ

【こんなふうに使ってみては・・・】

○親としては、子どもがケータイ・スマホを使いゲームやサイトで何をしているのか不安な面もおありでしょう。思い切って聞いてみてはどうですか？本話を使って。

○「ブラックスマッホが薦めるのはなぜだと思う」「なぜクリックさせたいのだろう」だましたり、誘い込んだりしたい側の意図を一緒に想像してみると、視点が変わり気づくこともあるんですよ。

【まめ知識・情報】

○インターネットは便利であるが、悪意を持ったものが自由に暗躍することもできる特性がある。それを前提として、自己防衛できる力をつけていくことも大切。これは、禁止したり、遠ざけたりするだけでは身につかない力なんです。親子間でのちょっとした話、一緒に考える何気ない機会をつくり、話題にする。そして、それを度々繰り返すことが大切。その繰り返しが頭の隅に残り、さらには肌身に染みて、いざというときに歯止めにもなるものですよ。そんなお供に「ねっぱとくん」を使ってみてはいかがでしょう。そんなつもりで作っているんです。

やさしくゆるいトキッ　教師編 第７話

【こんなアプローチはいかが・・・】

○大人も子どもも本話のこのケースが一番身近な事例かも知れない。ツイッターやフェイスブックで大人が平気で画像をアップしている。自分のことならまだしも、他人の顔が特定できる写真も多く見かける・・・これって大丈夫と心配になる写真も多くあるけど。

○子どもたちもケータイ・スマホで写真のアップ経験があるのではないか。その際、どんな写真をアップしていたか？他人が写っている写真は許諾を得たか？を振り返らせてみたい。

○美術館や博物館、映画館等で撮影がだめなのはどうしてなのか。著作権、肖像権を耳にしているだろうが、なぜいけないのかを身近なところから考えさえる格好の事例ですね。

【まめ知識・情報】

○教師も著作権を再度確認したいところ。教育ならなんでも許されると思っている御仁、あぶないあぶない。著作権法第 35 条で許される範囲は限られていますよ～。まして迂闊にネットなどにアップするとんでもないトラブルに巻き込まれることもあることを自覚しよう。

○ SNS 投稿被害などで検索をかけてみれば、その失敗事例には事欠かない。子どもたちに必要によっては、SNS 投稿で人のプライバシーを侵害して加害者になり、それをネット上で糾弾され、（ネット上では祭りと云われます）炎上し、挙句の果てには自分のプライバシーを全てさらされ、被害者に転じることも多いことを知らせてあげてほしい。

○教員をはじめ公務員の SNS 投稿はとかくニュースネタになりますね。投稿内容には責任と自覚を持ちたいもの。子どもよりもひどい例がありますよ。

保護者編 第７話

やさしくゆるいトリセツ

【こんなふうに使ってみては・・・】

○子どもたちのSNSを使った事例が多くあるのが本話のこのケース。本例の他に、友達の失敗風景、変顔、修学旅行などの旅先で撮った寝顔など、ネットにアップされた本人にとってはたまらなく嫌なもの。あるいは、喧嘩した後に勝った者が負けた相手に土下座させ、その写真をアップするなんていうさらしもある。「どこまで許されると思う？」と率直に子どもの価値観を問うてみてもいいね。

○ 子どもだけのまずさを指摘するのではなく、大人もほめられたことではない例がたくさんあること、何がまずいのか、著作権、肖像権があることも含めて話題にするといい。

【まめ知識・情報】

○ツイッターやフェイスブックでも、勝手に写真を投稿して、気づいていないことが大人に多い。例えば、新聞や週刊誌の記事を写真で撮ってアップ。これは著作権に触れます。なぜだか考えたことあります？また、PTAや何かの委員会や自治会等の集合写真、あるいは旅行の写真、自分は平気でも、中には嫌な人（不都合な人）もいるという想像力が欠けてしまっている投稿。

○便利だからこそ、その便利はいろいろ配慮しなければならないことがあるという不便さ、自分の便利、楽しいは、誰かの不都合、不快であるかも知れないことを考えるいい事例ですね。

やさしくゆるいトリセツ 教師編 第８話

【こんなアプローチはいかが・・・】

○第１話で学んだインターネットの５つの特性を思い起こしてみよう。この中で、今ひとつピンとこないのが、「公共性」である。インターネットが自由に使える昨今、他の人も同じように自由に使えるという感覚がなかなか掴めないのである。自分だけ特別という気持ちがないか、子どもに問いかけてみよう。

○小学生であれば、本話にあるように電車やバス、公園や学校と同じようにインターネットもみんなのものなのだ、とはじめから前提を決めておくとよい。では、「みんなのものならどんな使い方方をする必要があるか・・・」を考えていく。「座席やブランコを一人で独占しているとどうだろう？」など具体的な問いかけから、インターネットの独占ってなんだろうと考えを展開していく。

【まめ知識・情報】

○インターネットの独占は、SNSなどで自分の投稿を連続でいくつも入れる、デマやウソの情報を流すなども人を混乱させ、困らせることから独占することにあたる。そういう困った人がときおりいるもんだ。

○犯罪ともなる公共物の爆破や人の襲撃予告、ウイルスを添付したメールやアプリ・ソフトをばらまくなど、まさしくインターネットの公共性を理解していない、あるいはそれを承知の上で確信的に行う例も後を絶たない。これはインターネットは匿名性だという間違った確信から行っていることが多いと思う。だからこそ、子どもたちには「公開性（匿名でなくわかっちゃうよ）」であり、みんなのものである「公共性」をしっかり教えておきたいね。

保護者編 第８話 やさしくゆるいトーク

【こんなふうに使ってみては・・・】

○ここでは、インターネットの「公共性」をテーマとしている。なかなか、インターネットが公共のものであるという意識は持ちにくいと思う。それは、誰もが個々の端末でそれぞれにネット世界に入っており、多くの他とのかかわりがあまり見えないからであろう。

○インターネットは多くの人に見られているという意識、「公開性」を再度確認することから本話に入るといい。誰だかわからないという「匿名性」は、実はわかっているんだとよ、と子どもに教えてあげてね。わからないように見えるだけと。

○インターネットは全世界の人みんなが使うもの。電車やバス、公園や学校みたいにみんなで利用しているものなんだ。だから、見られている、誰かが見ている、誰もが見られる、とここで子どもに何遍も強調しておくといい。

【まめ知識・情報】

○インターネットで爆破や襲撃の予告をする犯罪、掲示板などを独占する投稿、これらは独りよがりの困った人たちの行為。これはインターネットの「公共性」を理解していないか、それを利用して愉快がる輩の犯罪行為。こんなのは断じて許しちゃいけません。そんな人にならないようにしっかりと「ねっぱとくん」で学びたいね。

やさしくゆるいトーク 教師編 第9話

【こんなアプローチはいかが・・・】

○教員間、学校現場ではLINEにまつわるトラブル、課題で頭を痛めているところも多いでしょう。そこで、第9話はもろにLINEを取り上げたんだけど、タイトルを見て「えっ？」と思った向きもおありでしょう。LINEは一つの手段に過ぎません。今、騒いでいるけど、次に新しいものが来るかも知れない。使い方、使い手の問題だというのがテーマです。

○私は本話を使って授業するときにズバリ聞きます。「LINEやっている人？」「既読って本当にいる？」「外しをするなんて本当の友達なの？」「そんな友達モドキとつながる必要があるんだ？」ここは、「心」の扱いにすべきです。LINEのシステムが悪い、業者が悪い、フィルタリングしない親が悪いと言っているうちは何の解決にもならないんです。そのうちに次のものに替わり、何にも実態や現状は変わっていないことに気づくはず。みんなが使い方を本気で考えることが本質だと思っていますよ。

【まめ知識・情報】

○次々と新たなソーシャルコミュニケーションツールは生まれています。LINEの研修会、講習会などをやって、そのシステムや内容等を身につけた頃には、子どもたちは次のものに移っている。延々いたちごっこをしていても始まりませんね。

○LINEを一番知っているのは使っている子どもたち。そこから目をそらさず、子どもたちと真剣に向き合い、話し合い、どうしたらいい方向で使っていけるかを考えさせるのがベターでしょう。実際、そうやってルール決めをしたり、冊子を作ったりしている学校や団体もありますよ。LINEに限らず、このスマホ・ネット問題は子どもたちに大いに参加させる場をつくりたいものです。

保護者編 第9話 やさしくゆるいトーク

【こんなふうに使ってみては・・・】

○「LINE やっている人？」子どもにも聞くこと多いんですが、親にも聞きたい。手を挙げた人は、少しその機能ややり方がわかっているので、なんで問題になるんだろうと思っていることでしょう。手を挙げなかった人は、ただただ困ったもんが流行っていると感じていることでしょう。

子どもたちが苦しんでいるのは、一部のふがいない「心」を置き忘れたものたちの使い方をが原因です。

○ LINE を作成し、運営している業者を責めても問題は解決しません。なぜなら、LINE に替わる新たなものがどんどん出てくるはずだからです。使う側、つまり子どもたちを変えていくしかないんです。親子で真剣にこの問題を話し合う時間、姿勢がとれますか？

【まめ知識・情報】

○本当に LINE を止めさせたければ簡単。フィルタリングをかけることです。それで 100％スマホではできません。

○「既読（見たか、読んだかがわかるようなシステム）」がどれだけ大事か、そのために常に反応することが強いられ、疲れきる「LINE 疲れ」。その反応次第では、いじめられる。「LINE 外し」「置き去り」などのいじめの場になっている。タダと云うが設定によっては、アドレス情報を提供することになる。こんなところが問題となっていることなんですが、これは実はリアルな世界にあることが LINE という手段で行われているだけ。たまたま今は LINE だということ。

○子どもたちの「心」を育てることに重点を置きたい。本話の核心はそこです。

やさしく ゆるい トーク　教師編 第10話

【こんなアプローチはいかが・・・】

◯とかくケータイ・スマホ、ネットというと負の問題が強調されがち。マイナスの側面ばかりじゃないんだというのが本話の趣旨。インターネットが開発され、使われるようになってどんな恩恵が人類にもたらせれたか？あなたにはどんないいことがあったか？今回はそんなプラスの側面から明るい話題に目を向けたい。

◯しっかり正しく使っている子どもたちもたくさんいるはず。上手に使いこなして、未来に夢を描く子どももいっぱいいます。それを否定しないようにしたい。そんな思いで本話を描いたんです。

◯「ねっぱとくん」第 10 話までしっかり学び、「ネット警備隊准隊員」としての認定書を子どもたちにあげてください。

【まめ知識・情報】

◯「ねっぱとくん」第 10 話までしっかり学んだ子どもたちには、「ネット警備隊准隊員」としての認定書をあげるよ、というのは事実です。島根県出雲市の小学校４年生のあるクラスの児童が准隊員第１号です。100 万人の「ねっぱとくん」で学んだ子どもたちが今後状況を変えてくれるはずと「100 万人プロジェクト」を提唱しています。

　認定書については、以下に連絡してね。

onishi-h@silver.plala.or.jp かフェイスブック https://facebook.com/onishi.h/ に問い合わせいただければ、データや認定番号等を差し上げますよ～。

保護者編　第10話　やさしくゆるいトーク

【こんなふうに使ってみては・・・】

○ともすると、ケータイ・スマホの問題がクローズアップされ過ぎて、インターネットをはじめとしたICTそのものがダークなイメージになることを危惧しているんです。

○正しく使い、自分の未来に夢を描き、しっかり成長している子どもたちもたくさんいます。インターネットの恩恵も再確認したいところ。ネットやスマホなどの知識を持ち、正しく使えるスマートな日本人でないと今後世界には通用しません。この辺を親子で話し合ってほしいというのが、本話の趣旨ですよ～。

【まめ知識・情報】

○全国に「ねっぱとくん」を使って学んだ子どもたちが、「ネット警備隊准隊員」として認定書をもらい、しっかり今後も学び、正しくインターネットやコンピュータ、スマホ等を使っていく決意を持っています。この認定書は、「ねっぱとくん」作者が発行し、日本に100万人の学習者をつくって、将来ICTをしっかり使いこなせるスマートな日本人を育成しようという夢のプロジェクトの一環で実施しているものです。

○親子で学び、認定書をゲットしません？

　認定書については、以下に連絡してね。

onishi-h@silver.plala.or.jp かフェイスブック https://facebook.com/onishi.h/ に問い合わせいただければ、データや認定番号等を差し上げますよ～。

やさしくゆるいトーク 教師編 第１１話

【こんなアプローチはいかが・・・】

○ネット依存、スマホ依存、ゲーム依存、様々な形でのICT絡みの課題が話題になっていますね。１日の生活の中でどれくらいの時間をネットやスマホにかけているかを事前に調査してみてもいいかも知れません。自分の学級、学年、学校がどんな傾向にあるのかを把握して、アプローチしていくことは大事なこと。

○ここでは、ひとつの基準として紹介しているので、あまり厳密に、かつ厳格に規定しない方がいいんじゃないかな～。むしろ遊び感覚で自分の実態に気づく程度の押さえでよろしい。そこで、レッド、イエローなどのカードで示してみたんです。これは自分で自分を振り返る時間ととらえるのがよろしい。

【まめ知識・情報】

○本話では米国、ピッツバーグ大学のヤング博士の「ネット依存」（久里浜医療センターに「ネット依存部門」があり、ここが訳したものを参考にしています）定義を例にとっているんです。いろいろな考え方があり、国などで確立した定義がまだはっきりしていないのも事実。ただ、ひとつの指針となりますね。

保護者編 第１１話
やさしくゆるいトリセツ

【こんなふうに使ってみては・・・】

○親子で自分たちは１日、どれくらいスマホやネットと接しているか、ちょっと調べてみようか･･･程度の話題づくりに使ってほしい。その時間が多いか、普通なのかは親子で考えるべきこと。一律に何時間だから危ないとか、依存だとか決めることよりも、自分を客観的に振り返ることが大切。ゲーム感覚的に本話の依存傾向を試してみて、問題があると感じたときは次の対策や方策を親子で考えてみるといい。

○第 12 話「親子で考えよう―家庭でのルールづくり」につなげたり、スマホ・ネット以外にも取り組める楽しみを見つけたりする一助としてもらいたいというのが本話の趣旨。

【まめ知識・情報】

○教師編にも記したことですが、これはひとつの基準ですよ。いくつあるから「ネット依存」だとか断定はできませんが、実際に国立の医療センターに「ネット依存部門」ができ、患者の外来治療も行っているという事実は知っておくことも必要ですね。

やさしくゆるいトーク 教師編 第12話

【こんなアプローチはいかが・・・】

○本話は学級や学年で直接指導するというよりも、保護者会や学級懇談会の資料としてほしいもの。ただその席で配付しっぱなしでなく話題づくりのとっかかりにできるようフォローしてくださいね。10の視点を示したので、この中から各自の家庭で、親子で話し合って決めていくといいと助言をお願いしますね。

○どうしてこうしたルールづくりが大事なのかは、「ねっぱとくん」の必要な箇所を補足配付したり、話してもらったりして、保護者の意識づけ、啓発に努めてください。

【まめ知識・情報】

○家庭でのルールづくりの場合、最低限の項目２「フィルタリング」、項目４「セキュリティ対策」は子どもを守る観点から必要でしょう。フィルタリングは段階的、カスタマイズも可能です。

○３「会員登録のルール」も今後大事な視点となりますね。安易な登録から高額請求されたり、不審ソフトやアプリのダウンロード・インストールにもつながったり、思わぬ被害に発展することもありますよ。

保護者編 第１２話 やさしくゆるいトーク

【こんなふうに使ってみては・・・】

○「使うな、禁止する」の時代ではないし、それは不可能なことでしょう。では、使うなら約束やルールを守ってというスタンスを貫き通そう。年々、スマホ、ネットの被害や影響は拡大していますよ。ほったらかしの時代ではなくなっているという自覚が必要です。

○本話では 10 項目の視点を挙げています。必ずすべてをということでなく、親子でよく話し合って、できるところからルールづくりをしていけるといいでしょう。

○親が独断で決めてもうまくいかないもの。必ず親子で話し合って決めていきましょう。その際に、10「ルール、約束を守れなかったら・・・」を子どもに決定させておくこと。1 週間使用停止とか、お風呂掃除をするとか、自分で決めたペナルティを自分に課するようにするといいですね。

【まめ知識・情報】

○ 10 項目のうち 3「会員登録のルール」は、安易や親の許可のない登録から不当請求や意図しない不審なアプリ、ソフトのインストールにつながる危険を避けるためです。これは、6「アプリ・ソフトのダウンロードのルール」とも関連するのですが、最近は悪意あるソフトウエア（マルウエアと呼びます）やウイルスも多くなっているようで、これを防ぐ自助自衛力をつけるためにも大事な視点ですね。

やさしくゆるいトリセツ 教師編 第13話

【こんなアプローチはいかが・・・】

○身の回りの大人にスマホをはじめとしたデジタル端末機器を使い、インターネットと正しく向き合い、有効に使っている人がいますか？そんな問いかけから始めてみてはどうでしょう。

○その後、「正しく向き合う」とはどんなことなのかを出し合ってみる。大人が考える「正しく向き合う」は子どもが考えるそれとは異なるかも知れない。大人がもしかすると「正しく向き合って」いないかも知れない。「大人がしっかりしないと子どもにもそれを求めるのは難しいね」というのがテーマです。

【まめ知識・情報】

○子どもたちにマナーやルールを求めるのなら、大人がそれをしっかり理解していないで、教えられるのか・・・は正論。難しいことではないんです。リアルなコミュニケーションと同じように相手の立場や気持ちを理解して使う思いやりの気持ちを大事にする。この一点だけでも全ての大人が守れるならば、子どもたちに大手を振って指導できるのです。難しい仕組みや使い方をマスターしたり、LINEの研修会・講習会をやっきになって行ったりすることではないんです。

保護者編 第１３話 やさしくゆるいトセツ

【こんなふうに使ってみては・・・】

○親が子どもにモデルとなる使い方を示していますか？難しい仕組みを知っている。様々な機能を使いこなしている、そんなことじゃないんですよ。インターネットを使う上での「心」の面のモデルなんです。ネット世界とリアル世界は違うけれど、実は同じなんです。人と人がコミュニケーションを取り合うルールやマナーをリアルな世界できちんとできる人は、ネット世界でも同様です。ここを親や教師は強調したい。本話のテーマはそこなんです。

○身近で、しっかり正しく使えてる人を何人知っていますか？どれくらい提示できますか？親子でその人はどのような使い方をしているのか本話と共に話し合ってみませんか？

【まめ知識・情報】

○便利なことを重視する反面、ともすると心を失ってしまいがちな使い方はないか、自分と相手は同じ状況ではないという配慮が欠けていないか、これを大切にしよう。子どもたちのLINEの既読問題、大人のSNS等のメッセージに関わる肖像権や著作権問題等々、新たな課題や困りごとの多くは、相手を慮る心の欠如に起因しているとみんな気づこうよ。

教師編 第14話

【こんなアプローチはいかが・・・】

○「ケータイやスマホ、ネットを使う上で自分なりのルールを決めている？」この自分ルールがあるかどうかを話題にするといいね。おそらく多くの子どもたちは、なすがまま、なされるがままの何となくその時々の状態で使っているのだと思うのですが・・・どうでしょう？自分ルール、家族ルールがあるという例こそ取り上げてみたいところ。まずは、自分たちの状況に目を向けさせること、意識化させることから本話は入っていこう。

【まめ知識・情報】

○自分ルール、約束と言うは易しだけれど、子どもたちの世界、友達づきあいの中でなかなか自分ルールや家庭ルールの徹底は難しいのが現状でしょう。自分だけ違った行動を取ることは、子どもたちは相当な勇気と決断がいることも理解できるはず。そこで、本話ではみんなで考えようよと提示しているんです。

○「リベンジポルノ」という言葉が 2013 年（平成 25 年）に使われ出した。これは、付き合っていた男女間で交わした写真が、関係の終焉に伴い、主に男性側からネット上に公開されること。写真を気軽に提供してしまう女性側も問題なんですが、それを腹いせ、報復的（だからリベンジという）に二度と消せない、回収できないネット世界に掲載してしまう男性側の行為は犯罪行為であり、道義的、社会的にも許されることではない。

○本話で紹介されている「Snapchat」は最大 10 秒間しか相手に表示されず、サーバーにも残らないアプリである。同じようなソフトやアプリが次々に出てきているんですが、しかし、これらも安全性は確かではなく、写真を残すことも可能なので、安易に写真を提供しない方が賢明で、自己防衛力を高めさせることが必要なんです。

保護者編 第14話 やさしくゆるいトーク

【こんなふうに使ってみては・・・】

○子どもたちがルールや約束もなく、延々と使い続けることが親として心配な点でしょう。これは、親がきちんとしたルール、約束を決めて使わせることができれば話題に上りません。それができないから問題視されるんでしょう。自分がコントロールする力、自分で自分を守る力を育てることが親をはじめとした大人の責任でしょう。

○本話は親子で読んで、お互いの意見や考えを交換し合うといいでしょう。子どもは「そうは言っても自分だけできない・・・」と言うと思いますよ。でも苦痛や辛さを感じているのも事実。だから友達間ルールや約束づくりができないか、そのようなことを話題にする機会づくりを大人が提供することが必要ですね。

【まめ知識・情報】

○教師編の「リベンジボルノ」を参照してください。インターネットの特性にある「記録性」「公開性」「公共性」から一度ネット上に掲載された画像は、永遠に残ってしまうという事実を親子で認識しておきたい。Snapchat（スナップチャット）はそれを防ぐことができる消去能力があると喧伝されているんですが、画面を画像で残すこともできるのでそれも完璧ではないのだと理解しておこう。今後、似たようなソフトやアプリが次々出てくることでしょうが考え方は同じです。

○どんなに親しくても、公開されて困る画像は提供しない。それは自分がそうなら、他の人も同じですね。

やさしくゆるいトセツ　教師編　第15話

【こんなアプローチはいかが・・・】

○本話は第 14 話と関係する内容である。「ケータイ・スマホ、ネットに使われていないか」を自分に問いかけることが大きなテーマ。

○「情報リテラシーという言葉を知っている？」これには、知識や技術の部分の「術（すべ）」とモラルやルールの「心」があることを押さえておきたい。

○自分のルールを自分で決められる態度を本話からつけたいというのがねらいなんです。

【まめ知識・情報】

○リテラシーとは元来、読み書き能力のこと。そこから情報機器や情報を使いこなす力と解釈される。ただ、どうしても情報に対する知識や情報機器等を扱う技術に目が向けられがちですね。本来はセットでないといけないはずのモラルやルールを重視する心の面が忘れられる傾向があるように感じています。著作権や肖像権から始まり、匿名性の傘の下、暴言や誹謗中傷など何をしてもいいという傍若無人ぶりには辟易させられますね。相手を思いやる、慮る心が必要なのは、インターネット上でもリアルな世界と同じように大事なことだと今から子どもたちに教えていきたいし、当の大人もしっかりしないといけないことなんでしょう。

保護者編 第15話

やさしくゆるいトリセツ

【こんなふうに使ってみては・・・】

○ケータイやスマホは情報発信ツール・機器と共に、他者とコミュニケーションを取る手段でもある。そんな意識を持って常に使っている子どもはどれくらいいるだろうか？歩行者や他のドライバーを意識してハンドルを握っている大人と同じくらい稀少かも知れない・・・。機器の使い方には精通している子どもは多いかと思われるが、本当の知識に裏付けされた技術で駆使しているかは怪しいところ。きちんとした知識を持ったものを情報リテラシーの「術（すべ）」なんだねと子どもと話し合う素材で使ってほしい。

【まめ知識・情報】

○情報リテラシーは、機器等を扱う知識と技術を持ち、モラルやルールをしっかり守り大事にする心もしっかり持っている、この両面の力なんだと確認したい。それを「術（すべ）」と「心」という言葉で「ねっぱとくん」で使っているんです。

○「心」を鍛えるためには、正しい知識と技術があり、それを駆使して使う中で身につけなければならないもの。机上の座学、畳の上での水練にしないことも大切でしょう。

やさしくゆるいトーク 教師編 第１６話

【こんなアプローチはいかが・・・】

○「自分の ID とパスワードは個人情報か？」と子どもたちに問うてみよう。ゲーム等で使用している子どもも多いと思うので、ID とパスワードは馴染みの深いものでしょう。また、これが他の人の手に渡ったとしたら、その後どんなことにつながるだろう・・・まで考えさせたい。

○ゲームの ID、パスワードと SNS 等のそれでは影響や被害の点で異なるであろう。それも整理して話題にできるといいね。

○自分や他の人のことが特定できる情報を含むものは、すべて個人情報だという意識を持たせたいというのが本話のテーマ。

【まめ知識・情報】

○ ID 掲示板で自分の ID を他の人に知らせ、コミュニケーションを求めるサイトがある。ここでは、コンタクトを望むもの、つながりを求め実際に会うことまでも想定しているんですよ。援助交際の機会にもつながるサイトであり、かなりの危険性をはらんでいる。子どもたちにその危険性を知らせると共に、ID は個人情報であり、他にもらすことがないよう注意するということを強く意識させたい。

保護者編 第16話

やさしくゆるいトリセツ

【こんなふうに使ってみては・・・】

○はい、親のみなさんに質問。ゲームサイトやSNSを行うために子どもが自分のID、パスワードを持っていることを知っていますか？知っているという方は、それが他人に渡るとどうなるか、想像できますか？この質問を子どもにもしてみましょうね。

○本話は、IDやパスワードは個人情報であるという認識を持ってもらうこと。ゲームサイト上、SNS上でそれは紛れもなく個人を特定できるものです。これを個人情報という。その意識を親子で共有し、ID等がもれて（自分で教えてしまう場合も）しまうことで、金銭面やリアルな精神面、肉体面で被害に遭うことにつながるということをしっかり理解したい。

【まめ知識・情報】

○ID掲示板というサイトが盛んに利用されていることを知っていますか？ここには、子どもからいい歳をした大人まで自分のラインやツイッター、フェイスブック等のIDを掲示しています。要はそれらを通した連絡を求めているんです。何のために・・・コミュニケーション、つながりをしたがっています。それも単なるメール交換的なやり取りから、実際に会って話したり遊んだりすることを希望するものもいるんです。それは時として援助交際に発展します。

○むやみやたらに個人情報を他に提供しない、自他共に大切にする意識を高揚させることが抑止につながるんです。

やさしくゆるいトリセツ 教師編 第17話

【こんなアプローチはいかが・・・】

○本話は、フィルタリングをかけるのは親の責任であるの一言なんですが、教師としてなぜフィルタリングが必要なのかを理解しておく必要はありますね。多くの学校関係者が悩む LINE 問題も親がフィルタリングをかければ使えなくなる事実を案外知りません。

○「ねっぱとくん」の趣旨は禁止や遠ざけではないとあらゆる機会に表明しています。フィルタリングをかけて満足、安心、後は何もしないくていいというスタンスは誤りです。まず、当面の危険を避けるために打てる手はうつ、そして子どもたちが自分でしっかり自分や他の人の財産や権利を守れるようになるよう指導していくの両面が必要でしょう。

○どんな当面の危険があるかを本話で一緒に話し合ってみてほしい。

【まめ知識・情報】

○フィルタリングは親の役目ではあるんですが、教師としてそれがどういうものか、どんな流れからかけることになるのか程度は情報を得ていたい。保護者編を参照くださいね。

保護者編 第17話

やさしくゆるいトリセツ

【こんなふうに使ってみては・・・】

○本話では、親が一番悩ましいフィルタリングをテーマにしているのですが､､､かけています？

○子どもはなぜフィルタリングを拒むのか・・・簡単です。LINEができなくなるから、好きなサイトが見られなくなるから。親子で考えが異なるからです。では、親のあなたはなぜフィルタリングをかけるのか、あるいはかけないのか、そこを本話で子どもとしっかり話すことも大事ですよ。

○双方の利害関係の対立にどう折り合いをつけるのかを決める素材にも使ってください。

【まめ知識・情報】

○フィルタリングはどのようになっているのか。かける対象を選別するところ、要請を受けてその情報から審査をするところ、そしてその審査結果からフィルタリングをかけるところと分かれているんです。最終的にフィルタリングをかけるのは、ケータイ、スマホを契約する企業となるわけで、そこには親の関与が必ずあるのです。親がしっかりと情報を得て、なぜフィルタリングをかけるのかを明確にして、携帯電話会社と相談することのが一番いい手なんです。

○フィルタリングは一律なものと思いがちですが、カスタマイズもできます。これも携帯電話会社に相談してみてください。

○携帯電話会社は、親に携帯端末を使用する者の年齢によりフィルタリングをかけるように言う義務がありますが、強制力がないため親に拒否されるとかけることができないのですよ。親がしっかりすることです。

やさしくゆるいトーク 教師編 第18話

【こんなアプローチはいかが・・・】

○本話は学校関係者が陥り易い事例なんです。学校関係の掲示物、各種たより、ホームページなどでネット上の写真やイラストを使う機会も増していますね。さすがに勝手に使っちゃいけないと理解はしているので、「無料やフリー」のものを探します。ただ、その探し方や使い方、扱いに慣れていないと思わぬトラブルに巻き込まれますよ、というもの。時には著作権法に触れることにもなり、使用料や損害賠償にまで発展することもあると理解しておきたいね。

○子どもたちも自分のブログやホームページを作成する時代。あるいは動画投稿サイトにアップしている者も中にはいるので、教師と生徒で一緒にどんな例が考えられるか話し合ってみるといい。

【まめ知識・情報】

○グーグルやヤフーの画像検索は、機械的に検索をしているため「無料、フリー」というワードに引っかかってくる。ということは、有料でも一部無料、フリーだったり、有料というワード検索にかからなかったりするものは、表示される可能性があると考えておく方が賢明ですよ。

○「自分はバレないだろう」は、この時代あり得ないと考えよう。その気になれば、誰が自分の化像やイラストを勝手に使っているのか簡単に割り出せるのです・・・そういう時代ですよ～。

○無料やフリーの写真やイラストを使いたければ、ちゃんとそのサイトで断って使用すること。（たいていのそういうサイトは使い方や連絡先がありますよ。そして連絡をすれば、多くの運営者は快く提供してくれるはずです。）

保護者編 第18話

やさしくゆるいトリセツ

【こんなふうに使ってみては・・・】

○子どもたちはともするとネット上にあるものは自由に使っていいと思いがち。あるいは、ダメでもどうせバレないだろう、自分は大丈夫だと考えていることが多い。ここに警告をしているのが本話のテーマなんです

○自分のブログでの使用はもとより、ケータイ・スマホで他人の写真やイラストを勝手にあげたり、もらったりするのは危険です。ときには著作権法に違反してしまう行為にもなりますよ。親子でそんなことしていないかを話し合う素材としてくださいね。

【まめ知識・情報】

○著作権や肖像権は親告罪といい、著作者が侵害されていると訴えてきてはじめて成立するもの。だから、あまり大きくならないのだけれど、ディズニーやジャニーズなどはこのことに大変厳しい対処をしますよ。

○他人のもの（写真、イラスト、顔写真等）は勝手に取ら（撮ら）ない、使わない、載せない、を日頃から意識しているといいね。

○無料・フリーと謳って、怪しいサイトに誘導したり、おかしなアプリやソフトをインストールさせてしまう事例もありますよ。そういう危ないこともあるんだと親子で確認し合いましょうね。

やさしくゆるいトリセツ 教師編 第19話

【こんなアプローチはいかが・・・】

○スマホがどんな機能を持っているのか、子どもたちに問いかけてみるといい。かえって子どもたちの方が詳しいのが現実。「それってどんな機能なの？」と教師が教えてもらう姿勢がいい。

○詳しい子どももいるだろうが、得てして使い方は知っているが本当にそれがどんな働きをしていて、それがどんなことに応用できるのか、気をつけなければいけないことは・・・まではあまり知らないし、考えてもいないのも現実。

○本話は、一緒に考え、自分にとって便利がもしかすると相手には不都合な場合もあることに気づかせたい。例えば、いつでも電話やメールができるが、相手はどうだろう・・・。カメラは簡単に撮影できるが、本当に撮っていいのか・・・などなどを一緒に考えよう。

○本話の趣旨は、「相手のことを思いやる心があってこそ、便利なツールが役立つ」ということを理解させたいのだ。

【まめ知識・情報】＊保護者用トリセツと一緒に読もう。

○カメラ：なぜシャッター音が付いているのか、相手に許諾を取る必要があることに気づかせる。

○ Wi-Fi：無線 LAN の別称。今やフリースポットや店内で使える場所が急増。ゲーム機、音楽プレーヤー、電子辞書までこれでインターネットにつなげることができる。

○ LTE：３Ｇ（第３世代通信）から４Ｇ（第４世代通信）の橋渡し的に出た通信規格であったが、これも４Ｇと呼んでいいよなんてエライところが言ってしまったのでいっしょくたになっている。押さえておきたいのはそんなことではなく、どんどん高速の通信規格ができ、大きなデータ（高画質の画像や動画）のやり取りができるようになってきたという事実なんです。

保護者編 第19話

やさしくゆるいトリセツ

【こんなふうに使ってみては・・・】

○親としてスマホがどんなものか、どんな機能がついているのかを子どもと一緒に話し合うとっかかりに使ってほしい。携帯電話ではないよ、高性能のコンピュータだよ、という認識を持とう。

○子どもに聞いた方が機能はくわしいかも知れない。でも、意外とそれって、どういう波及効果、影響があるかまでは知らない。自分が便利は、相手も便利とは限らないことがある事実を知らせたいと思う。

【まめ知識・情報】教師用トリセツと併せて読んでもらうと補足になりますよ。

○ DLNA、Bluetooth、赤外線通信などの通信規格の詳しいことは知らなくていい。ただ、様々な通信規格により、多くの機器に無線でつながっていること。お風呂を沸かすとか、ご飯を炊くなど遠くからでも遠隔操作も可能となる。個人のパソコンや端末に侵入して、悪さをすることの可能性も秘めているということなんです。

○オサイフケータイなどはもう既にお馴染み。手持ちのお金がなくても、電子決済できるということは・・・を考えたいところ。

○近接、輝度、加速度等の各センサー：とにかく至れり尽くせりの機能付き。タブレットの角度を変えると画面がくるくる回るのも加速度センサーによる。もう、びっくりだね～。

○ GPS：子どもやお年寄りにとって便利な位置情報だけれど、使い方によってはストーカーもできるということに気づいていますか～。自分にとって便利は相手にとっては不都合、人にとっては好都合な機能なんですよ。

○カスタマイズ：アプリをインストールして自由にアレンジできますが、それが安心なアプリの保証はないんだね。ときにウイルスや遠隔操作の素だったりすることも。

教師編 第20話

【こんなアプローチはいかが・・・】

○現実社会ではおかしなことがネット社会では平気で行われていることがあるという事実に気づかせたいというのが、本話のねらい。しかもそれって、大人がけっこうやっているって事実に。

○本話の「ポテトちょうだい」の話。これは、他人が画像や映像を初対面、面識がなくてもネット上では平気で「くれ」と言えるんです。これは大人がけっこうやりがち。

○ふたつ目の「いいね！」は云わずと知れたフェイスブックでの話。どう考えても内容的に「いいね！」とは言い難いことにも機会的に「いいね！」ボタンを押す。挨拶代わりと言っちゃえばそれまでであるが、コミュニケーションってそういうもんじゃない。また、これに慣れると不自然に思えなくなる傾向もあるね。

○みっつ目の自転車ドロボウは、どう考えても窃盗罪。これはネット上でも頻繁に起こっているね。コピペなんてそうだし、人の写真や動画も同じことでしょう。

○こんなネット上の例を子どもたちと話し合い、そんなことにならないためにはどうしたらいいんだろう・・・を一緒に考えていく。「情報リテラシーの種」は比喩ですから、小学校に難しいようなら教師が補ってあげてほしい。

【まめ知識・情報】

○ 2013年９月、埼玉県越谷市で竜巻による大きな被害が出た。このときに自宅から竜巻の様子を撮影していた高校生にマスコミは一斉にこの「ちょうだい攻撃」をかけた。被災地に住む高校生であったのに、お見舞いの言葉ひとつないマスコミのリテラシーの低さに愕然としたんですよ。SNSを使いこなすリテラシーはあっても、本当のリテラシーじゃないなって。

保護者編 第20話

やさしくゆるいトリセツ

【こんなふうに使ってみては・・・】

○本話は第 15 話の「術」と「心」の話と関連があるんです。現実社会では変じゃないの、と思われることでも、ネット社会では平気でやっていまうことがあるんですね。それに気づかせたいというのが本話のテーマ。これって大人にも気づかせたいんですよ。ここで扱った例は、大人もけっこうやってしまっていることですね。子どもとどんなことがあるか出し合ってみるといい。

○「情報リテラシーの種」は喩えですので、補ってもらえると有難い。スマホなどを使うスキルばかりじゃダメだよ。ちゃんとした知識（正しい、そして日々変化するのでできるだけ新しい情報）や技術（パスワードのかけ方をはじめ自他を守れるスキル）を学び、そして「心」を育てないとトラブルになることがある、ということを言いたかったのですよ～。

【まめ知識・情報】

○教師編のトリセツ参照を。こんな事例はネット上、SNS 上にどんなものがあるか親子で事例を出してみるといい。フェイスブックにはいくらでもあるんです。また、著作権や肖像権に関わるコピーアンドペースト（断りもなく簡単にコピーして、自分の文章やサイトに貼り付けてしまう行為。通称「コピペ」という）などは、日常化してしまっているね。これがなぜいけないのかは、2014 年 STAP 細胞に関わる一連の騒動もあったので、子どもたちにも理解できるでしょう。

作・画　おおにし ひさお

埼玉県越谷市内中学校教諭を経て、越谷市教育委員会指導主事、埼玉県立総合教育センター指導主事、松伏町立松伏第二中学校教頭、越谷市立大袋中学校校長、平成 25 年度より越谷市教育センター所長。専門教科は英語。授業改善に ICT を活用することを提唱し、学校現場で数々の先進的な実践を展開。その成果が評価され、平成 23 年度 CEC 主催 ICT 夢コンテスト、平成 24 年度文科省キャリア教育部門で共に文部科学大臣賞受賞。

子どもたちの数々のスマホ・ネット利用問題を憂い、情報モラル教育啓発漫画として「ねっぱとくん」を執筆。それを活用しての各地での講演や授業を展開している。漫画家になりたかった夢を教育実践でリベンジ中。

ネット警備隊 ねっぱとくん

親，先生，子どもがともに考える情報モラル

平成 26 年 8 月 22 日　発行

作・画　おおにし ひさお
発　行　開隆堂出版株式会社
代表者　大熊隆晴
〒 113-8608　東京都文京区向丘 1-13-1
電話 03-5684-6123（編集）
http:// www.kairyudo.co.jp/
発　売　開隆館出版販売株式会社
〒 113-8608　東京都文京区向丘 1-13-1
電話 03-5684-6118（販売）

ISBN 978-4-304-04201-0　C0037